# 电子商务概论

## ——电子商务设计与营运

王咏令　主编

中国财经出版传媒集团
中国财政经济出版社

图书在版编目（CIP）数据

电子商务概论：电子商务设计与营运 / 王咏令主编 . —北京：中国财政经济出版社，2018.10
ISBN 978-7-5095-8487-3

Ⅰ.①电… Ⅱ.①王… Ⅲ.①电子商务 Ⅳ.①F713.36

中国版本图书馆 CIP 数据核字（2018）第 206602 号

责任编辑：卢元孝　　　　　责任印制：刘春年
封面设计：卜建辰　　　　　责任校对：张　凡

中国财政经济出版社 出版

URL：http://www.cfeph.cn
E-mail：cfeph@cfeph.cn
（版权所有　翻印必究）

社址：北京市海淀区阜成路甲 28 号　邮政编码：100142
营销中心电话：010-88191537　北京财经书店电话：64033436　84041336
中煤（北京）印务有限公司印装　各地新华书店经销
710×1000 毫米　16 开　12.5 印张　210 000 字
2018 年 10 月第 1 版　2018 年 10 月北京第 1 次印刷
定价：48.00 元
ISBN 978-7-5095-8487-3
（图书出现印装问题，本社负责调换）
本社质量投诉电话：010-88190744
打击盗版举报热线：010-88191661、QQ：2242791300

# 目　录

## 第1章　电子商务概论 ……………………………………（1）

1.1　导论 ………………………………………………（1）

1.2　中国电子商务发展远快于西方 …………………（3）

1.3　中国和西方电商市场比较
　　　——阿里巴巴和亚马逊的比较 ………………（5）

1.4　"互联网+"电子商务 ……………………………（6）

1.5　新型态电子商务 …………………………………（9）

1.6　结论 ………………………………………………（11）

## 第2章　电子商务模式与策略 …………………………（12）

2.1　常见的电商模式 …………………………………（12）

2.2　新兴的电商模式 …………………………………（18）

2.3　电子商务模式的经营策略 ………………………（22）

2.4　结论 ………………………………………………（24）

## 第3章　电子商务的基础环境 …………………………（26）

3.1　基础环境 …………………………………………（26）

3.2　技术环境 …………………………………………（28）

3.3　结论 ………………………………………………（38）

## 第4章　电子商务网站建立 ……………………………（39）

4.1　电子商务网站建立策略 …………………………（39）

4.2 电子商务网站规划 …………………………………………（40）
4.3 电子商务网站建立软硬件工具的选择 ………………………（43）
4.4 电子商务网站的系统开发工具 ………………………………（46）
4.5 电子商务网站功能设计 ………………………………………（50）
4.6 电子商务网站的评估 …………………………………………（52）
4.7 结论 ……………………………………………………………（53）

## 第5章 电子商店的规划与评估 …………………………………（57）

5.1 概念 ……………………………………………………………（57）
5.2 电子商店的规划要素 …………………………………………（57）
5.3 系统建设与发展 ………………………………………………（63）
5.4 电子商店的绩效评估 …………………………………………（67）
5.5 结论 ……………………………………………………………（68）

## 第6章 电子支付与交易安全 ……………………………………（69）

6.1 电子支付的基本内容 …………………………………………（69）
6.2 电子支付的交易安全 …………………………………………（73）
6.3 结论 ……………………………………………………………（78）

## 第7章 网络营销 …………………………………………………（79）

7.1 什么是网络营销 ………………………………………………（79）
7.2 网络营销的特性 ………………………………………………（80）
7.3 网络营销的4P与4C策略 ……………………………………（81）
7.4 网络营销的模式 ………………………………………………（85）
7.5 结论 ……………………………………………………………（88）

## 第8章 网络广告 …………………………………………………（89）

8.1 网络广告的定义 ………………………………………………（89）
8.2 网络广告的种类 ………………………………………………（89）
8.3 网络广告的特点 ………………………………………………（93）

8.4 网络广告的成功原因分析 ……………………………………（94）
8.5 网络广告遇到的问题 ……………………………………（96）
8.6 总结 ……………………………………………………（98）

## 第9章 移动商务 …………………………………………（99）

9.1 导论 ……………………………………………………（99）
9.2 移动商务的定义 ………………………………………（99）
9.3 移动商务的演进过程 …………………………………（100）
9.4 移动商务的特点 ………………………………………（104）
9.5 移动商务的效益 ………………………………………（105）
9.6 移动商务与电子商务的差异 …………………………（106）
9.7 移动商务的发展趋势 …………………………………（108）
数位实证解读 ………………………………………………（110）
电子商务快报 ………………………………………………（115）

## 第10章 群媒体与社群商务 ………………………………（119）

10.1 导论 ……………………………………………………（119）
10.2 社群媒体 ………………………………………………（119）
10.3 社群媒体到社群商务 …………………………………（121）
10.4 社群商务的形式与类型 ………………………………（123）
10.5 结论 ……………………………………………………（126）
数位实证解读 ………………………………………………（126）
电子商务快报 ………………………………………………（133）

## 第11章 网络创业 …………………………………………（138）

11.1 导论 ……………………………………………………（138）
11.2 网络创业的特点 ………………………………………（139）
11.3 网络创业的类型 ………………………………………（140）
11.4 客户价值主张 …………………………………………（141）
11.5 创业者与创业团队 ……………………………………（143）

11.6 结论 …………………………………………………………（149）

数位实证解读 …………………………………………………（149）

电子商务快报 …………………………………………………（155）

## 第12章 电子商务的未来展望 ……………………………………（163）

12.1 导论 …………………………………………………………（163）

12.2 目前我国电子商务面临的挑战 ……………………………（163）

12.3 新商务模式的入口 …………………………………………（167）

12.4 电子商务未来发展契机 ……………………………………（170）

12.5 结论 …………………………………………………………（172）

数位实证解读 …………………………………………………（172）

电子商务快报 …………………………………………………（180）

**参考文献** ……………………………………………………………（187）

# 第1章 电子商务概论

## 1.1 导　论

随着信息科技的发展、网络的普及,再加上经济发展,造就了电子商务的蓬勃发展。它是21世纪重要的发展,改变了人类消费行为模式,创造了无比庞大的商机,而且正逐步改变各行各业的交易方式及竞争策略。随着全世界上网人口的快速增加,网络消费成为一种趋势。

中国的电子商务发展非常迅速,像阿里巴巴、京东等都快速地在线上商业及零售交易上抢占了重要位置,依据中国电子商务研究中心监测数据显示:2012年,中国网购交易额突破1万亿元,这表明中国电商行业发展进入了一个新阶段。2012年中国网购用户为2.42亿,绝对数量很大,但与中国超过13亿的总人口相比,网购依然只是日常消费中的很小部分。中国电商行业发展到2013年,技术应用、物流配送、消费者需求都在发生着新变化。中国电子商务近年来发展迅速,企业电子商务应用迅速普及,网络消费持续增长,电子商务对传统服务业和传统流通业的影响和带动作用日益增强。2012年,中国电子商务交易总额达到8.1万亿元,同比增长31.7%,增速约为当年国内生产总值增幅的4.1倍。

2015年上半年,中国电子商务交易额达7.63万亿元,同比增长30.4%。其中,B2B交易额达5.8万亿元,同比增长28.8%。网络零售市场交易规模达1.61万亿元,同比增长48.7%。从市场增速来看,中国电子商务已经进入成熟期。在市场结构上,B2B仍然占主导地位,网络零售占比持续扩大,B2B服务商不断寻求盈利模式的多元化探索,从而推动整体交易规模的稳定增长。网络零售市场持续升温,行业进入兼并整合期,巨头企业通过收购、兼并等资本投资方式,迅速对新市场、新业务领域渗透,同时不断拓展新的业务。商务部印发的《商务发展第十三个五年规划纲要》指出，预计到2020年社会消费品零售总额接近48万亿元，年均增长10%左右；电子商务交易规模达到43.8万亿元，年均增长15%左右，其中网上零售额达到9.6万亿元，年均增长20%左右。

2017年中国电子商务半年报显示，2017年上半年，我国电子商务发展仍保持着较高的增速。2016年12月至2017年5月，网上零售额总额达到30229亿元，首次在连续6个月内突破3万亿元，相比上年同期增长35.3%（根据统计局公布的数据计算所得到的名义增长速度），为中国电商零售同期的最高纪录。其中，实物商品网上零售额23272亿元，服务网上零售额6957亿元。在社会商品零售额中占比达到13.35%（其中1～5月为13.2%），同比提高3个百分点。

报告还认为，我国电商市场成为全球第一，与政府的大力支持、电商企业的持续创新和庞大的网购人群有着密切的联系。

从政策支持视角看，2014年，国务院发布《国务院关于加快发展生产性服务业促进产业结构调整升级的指导意见》（国发〔2014〕26号），将"电子商务"作为一个生产性服务业的重点领域；2015年5月，国务院出台了《关于大力发展电子商务加快培育经济新动力的意见》；2016年12月，商务部等部委联合发布了《电子商务"十三五"发展规划》，对电子商务的未来发展作出了部署。由此可看出，我国电子商务相关政策体系已较为完备。

从电子商务企业看，电商企业不断扩充品类，优化服务，升级物流体系，使电商购物体验持续提升。农村电商、跨境电商等各种细分电商领域加快增长。一些企业在垂直电商领域深耕，延伸了产业链，使电子商务保持了持续增长的动力。

从全球水平来看，中国电子商务市场规模大于全球其他任何一个国家（见图1-1）。我国网络零售额占社会消费品零售额的比重已超过全球平均水平，2017年1～5月为13.2%。同时，中国电商销售额也遥遥领先。根据国外媒体综合国家统计局以及美国数据报道，中国消费者2017年第一季度网上购买了价值14045亿元人民币（约合2041亿美元）的商品，是美国981亿美元网上零售销售额的两倍多。值得关注的是，移动网络市场规模继续保持高速增长。根据商务部电子商务和信息化司发布的《中国电子商务报告2016》，2016年中国移动购物在整体网络购物交易规模中占比70.7%，同比增长

15.3%，移动端购物正在成为网络消费的主要方式。可以说，中国已经连续多年成为全球规模最大的网络零售市场。这是一个令人惊奇的庞大的数据，但更有趣的是，中国的数字市场、技术平台、网购行为与西方世界存在差异，而这些差异可以揭示购物的未来发展趋势，可为全球企业提供有价值的见解，并了解电商未来的发展趋势。

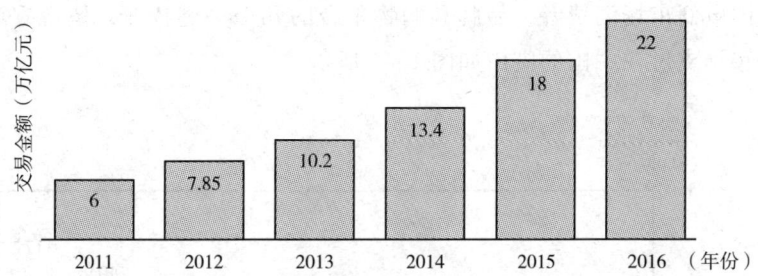

图1-1　2011~2016年中国电子商务交易规模分析

资料来源：中国电子商务研究中心（100EC.CN）。

## 1.2　中国电子商务发展远快于西方

目前商业服务业态主要有两种：一种是传统商业服务业态，就是实体店铺业态模式，如家乐福、零售店等；另一种是最近15年发展起来的互联网商业服务业态，就是网店业态模式。这两种业态模式各有优劣：实体店铺的优势在于便利和服务有保障，劣势在于成本太高，费时费力；网店模式的优势在于方便、成本低，劣势在于服务周期长、服务保障低。但电子商务的发展仍然存在着一些比较突出的问题，如电子商务对促进传统生产经营模式创新发展的作用尚未充分发挥，对经济转型和价值创造的贡献潜力尚未充分显现。

当亚马逊等电商在20世纪90年代颠覆美国零售业时，零售商和消费者不得不重新考虑他们根深蒂固的习惯。相比之下，中国实体零售业不够发达，数字革命出现的时间与可支配收入和消费的增长同步。因此，电子商务迅速成为常态，而且发展速度很快，迅速领先于西方。

中国还是移动商务领域的先驱。许多消费者完全跳过PC时代，直接跨入智能手机时代。这可能可以解释三星大屏手机首先在中国而非西方"落地生根"的原因。据业界估计，到2020年，在中国通过手机完成的电商交易占比将达到74%，远高于美国的46%。

另外，电商发展速度没有放慢的迹象。未来5年，预计中国电商产业每年将增长20%——两倍于美国和英国。推动中国电商产业增长的不仅是个人收入的增加，还有数亿消费者的"加入"——其中许多来自更小的城市和农村。

中国电商市场消费者、品牌和购物平台的几个关键特征，使得它不同于西方。移动支付在中国的应用如图1-2所示。

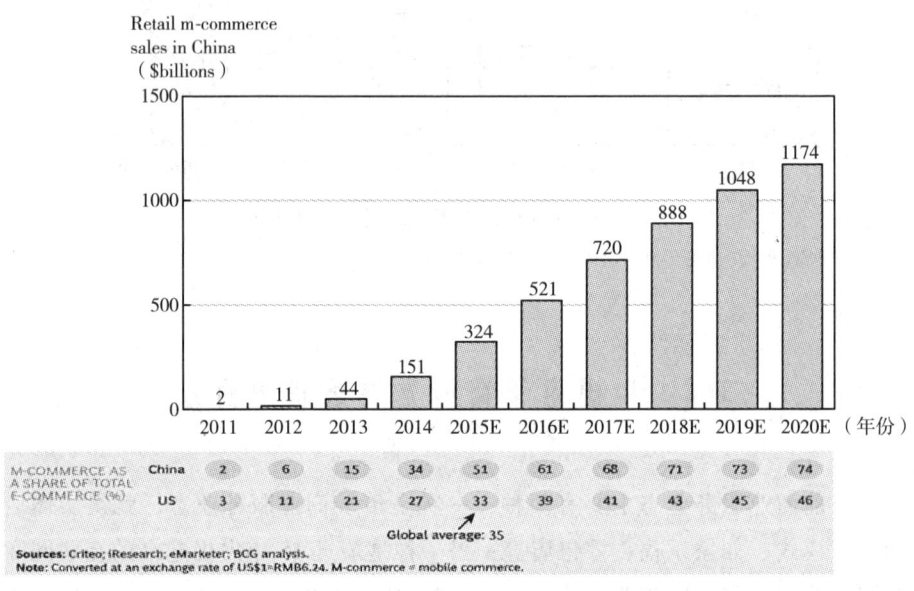

图1-2 移动支付在中国的应用

资料来源：https://www.criteo.com/。

### 1.2.1 中国消费者渴望花钱，在购物上花费大量时间

在中国，购物不仅仅是交易，它还是一种与好友、名人和"网红"进行的娱乐、社交活动。中国消费者平均每天逛阿里巴巴旗下淘宝网的时间长达30多分钟，是美国人逛亚马逊时间的近3倍。即使不是某一品牌的粉丝，他们也很在意品牌。例如，中国青少年知道20个化妆品品牌，美国青少年则只知道14个。中国的年轻人也是世界上最"喜欢花钱的人"：42%的人感觉需要购买更多商品，美国和英国的这一比例为36%。

## 1.2.2 激烈的品牌竞争推动创新

无论是老牌厂商还是新秀，都在不断开发新产品和服务模式，以领先竞争对手。在竞争高度激烈的产品类别中——例如化妆品、奶制品和糕点糖果，市场"领头羊"不断变换。中国电商商家不惧怕测试新产品，不惧怕失败，它们在向消费者传递营销信息方面日趋老练。另外，它们还处于利用数据、分析更好地了解客户的最前沿，在向着真正的消费者驱动产品开发模式前进。

## 1.2.3 无缝的综合平台使购物变得更有趣、更方便

在中国，新闻网站、游戏、视频和电子商务都通过主要网络中枢互联，它们带有点击购物产品广告和支付链接。与其他国家的网购用户不同的是，中国消费者几乎不访问公司或品牌网站。他们通过淘宝等电商市场、爱奇艺和微信等应用程序发现其想购买的商品。淘宝和微信——中国五大应用中的两个，已经发展成一体化的超级应用。淘宝最初只是一家单纯的电商网站，而现在可以提供社交和娱乐。微信以社交平台起步，现在也允许用户买卖商品。这些超级应用还提供多种在线和离线服务。用户可以给其他用户转账、订餐、叫车、预约医生、支付购物款、购买电影票。在美国和英国，消费者需要不同应用才能完成这些功能。

## 1.3 中国和西方电商市场比较
### ——阿里巴巴和亚马逊的比较

更好地了解中国和西方电商市场差别的另一个途径，是考查主要厂商：如阿里巴巴和亚马逊。乍一看，这两家公司有诸多相似之处，它们都提供电商市场，是所在国家第一大电商平台，都在不断进入新领域。虽然两家公司都取得了极大成功，但它们的业务模式却有很大不同之处。

亚马逊是一家典型的网络零售商，有自己的库存，几乎完全专注于消费者。大多数用户访问亚马逊网站，目的都是购买具体商品。琳琅满目的商品、

出色的搜索引擎、低价格、用户评论、产品推荐、方便的支付、快速送货和一流的服务，使亚马逊吸引了大批铁杆粉丝。过去数年，亚马逊涉足许多不同领域，如 Kindle 电子阅读器、视频服务、原创电视节目和送餐服务。

相比之下，阿里巴巴没有自己的库存。阿里巴巴更像是一家虚拟商场，向批发商和零售商提供联系买卖双方的平台。在这种电子市场模式中，品牌"拥有"客户关系，创建与它们相称的网络体验。阿里巴巴提供工具和服务，帮助品牌和小企业开展电商业务，通过游戏、新闻、视频、直播和网络社区等活动直接与客户互动。消费者逛阿里巴巴平台的目的是娱乐、发现新潮流和购物。平台能提供这些功能的原因是阿里巴巴的技术，阿里巴巴把淘宝和天猫等电商市场，与数字营销、支付、物流、社交媒体、娱乐、新闻集成在一起。

数据和分析对于亚马逊和阿里巴巴都至关重要，但使用方法却不同。亚马逊根据消费者购买模式，主要利用数据改善其产品和服务。它也与商家分享数据，帮助它们上架合适的商品，确定有竞争力的价格和管理库存。阿里巴巴提供大量消费者行为数据，使商家能提高营销投资回报率，增加商店的转化率。例如，数据可能揭示一个商家价值最高的客户通常下班后"逛"其商店，因此傍晚的广告效果要好于白天上班时间。

## 1.4 "互联网+"电子商务

### 1.4.1 "互联网+"电子商务的内涵、特征和趋势

传统意义上，电子商务是指通过以计算机为主要媒介的网络，进行产品和服务的买卖活动。买卖双方通过网络取得联系，具体的交易活动既可以在线上完成，也可以在线下完成。"互联网+"电子商务的崛起，则代表一种新的经济形态，即充分发挥互联网在市场交易过程中资源要素配置的优化和集成作用，将互联网的创新成果深度融合于传统电子商务交易过程之中，提升传统电子商务的创新力和集聚力，形成更广泛的以互联网为基础设施和实现工具的经济发展新形态。

"互联网+"是电子商务发展的趋势和未来，电子商务近年来的发展变化很大，在大数据、O2O、移动化与社交化、个性化与定制化、去中心化和

去中介化等方面表现出明显的发展特征,并呈现出一系列新的发展趋势。

(1) 跨界跨业合作、强强联合成为新常态。

在"互联网+"时代,电商巨头积极寻求跨界跨业合作,与基因互补的传统企业展开合作,成为电商企业开拓市场、增强竞争力的新潮流。

跨境电商、农村电商、移动电商成为新"蓝海"。"互联网+"时代,跨境电商、农村电商、移动电商迎来发展新契机,成为新一轮电子商务发展的"蓝海"。

供应链电商引领"互联网+"电商新潮流。"互联网+"时代,加速向上游互联网金融和下游物流配送拓展,积极提升供应链资源整合能力,成为传统电商转型提升的重要突破口。

(2) 构建开放生态的产业系统成为主流。

在复杂的市场环境和激烈的竞争下,加快构建多元开放的生态系统,积极寻求产业链、价值链、供应链上下游各方的协作共赢,成为"互联网+"时代电子商务发展的重要内容。

### 1.4.2 "互联网+"电子商务的新发展

"互联网+"时代,大宗商品电子交易加快能级提升,个人消费服务平台不断创新,跨境电商、农村电商、移动电商加速发展,电子商务发展迎来新一轮契机。

(1) 大宗商品电子商务加快能级提升。

"互联网+"时代,大宗商品电子交易平台快速发展,围绕产业链和供应链不断拓展延伸,市场规模持续扩大,集聚效应逐步凸显,市场能级加快提升。目前,我国大宗商品电子交易市场已超过400家,年交易额超过12万亿元。2015年,有数十家大宗商品B2B电商获得融资,累计融资额度超过28亿元,融资额超过亿元的企业就有12家。伴随我国加快推进自贸区建设,上海自贸试验区、广东自贸区、天津自贸区、福建自贸区纷纷把推动大宗商品交易作为自贸区建设的重要内容,一批线上线下联动的国际大宗商品交易平台加速崛起,大宗商品电子交易市场能级不断提升。

(2) 个人消费服务平台加快功能创新。

随着"互联网+"电子商务的加快发展,我国在个人消费领域形成了一批消费品交易类平台和生活服务型平台,在促进和扩大消费方面发挥了重要作用。以天猫、京东、1号店等综合性、全品类平台为代表，"互联网+"时代消费品交易平台商品品类齐全，基本涵盖生活的各个方面。在餐饮、旅游、文化、教育等领域，各种新模式、新业态应运而生，涌现出携程网、大众点评网等一批国内生活服务O2O龙头企业。同时，1号店、京东商城等大型电商企业加快拓展线下功能，大润发、农工商等大型实体商贸企业纷纷自建电商网络平台，形成了一批线上线下融合发展的新型商业模式，加速了商业领域全渠道资源的整合。

（3）跨境电子商务迎来重要增长空间。

"互联网+"时代，各类电商企业纷纷发力，加快布局跨境电商。京东开启"自营+平台"模式，一方面通过海外直采与国外原产地品牌商合作增强品控能力，另一方面依托平台引进第三方商家入驻销售国外商品，两者互为补充效益明显；淘宝、亚马逊等平台推出专门的全球购频道，开辟海淘商品代拍或直采业务，并通过自建物流或第三方物流将商品配送到消费者手中；唯品会和聚美优品等垂直电商积极拓展跨境电商业务，相继推出全球特卖和网上免税店业务；蜜芽宝贝、蜜淘、洋码头等一批跨境电商新秀则获得资本市场青睐，分别获得数千万至上亿元美金不等的风险投资，快速发展势头强劲。2015年，中国消费品出口贸易销售额约1万亿美元，占全球的1/10，但是跨境电商在其中的占比连1/100都不到，具有较大的增长空间。

（4）农村电子商务呈现巨大发展潜力。

从电子商务发展情况来看，当前三线以上城市的电商渗透率已经逐渐接近顶峰，农村电商成为下一轮"互联网+"电子商务发展的巨大市场空间。电商时代的到来，让农村购买力得到释放，逐渐实现了与城市无差别的消费，更深刻影响到农村生产生活的方方面面，显示出强大的生命力。当前，会在电商上购买农用商品的用户仅有10%，潜在客户群体尚有很大提升空间。同时，生鲜电商作为农产品电商的重要内容，在消费升级、技术进步和资本介入的背景下，迎来高速发展的爆发期。2015年1~10月，人均线上生鲜消费达到339.7元，远超其他品类消费。随着阿里、京东等大电商主导的金融服务在农村普及，以及电商渠道下沉带来的农村物流体系完善，农村电商发展将迎来进一步爆发的空间。

（5）移动电子商务引领电商发展潮流。

随着智能终端和移动互联网的普及，移动端已经成为电子商务的新入口，以碎片化、场景化、社交化等为特征的移动网购新模式，正在挑战基于PC

端的传统购物模式。2015年，中国移动端网购交易额达到2.1万亿元，同比暴涨123.2%，在网购总交易额中的占比首次超越PC端，达到55%。从2015年第4季度移动购物市场的企业份额来看，阿里无线、手机京东、手机唯品会占据前三，市场份额分别为83.7%、9%、1.7%。同时，基于微博、微信等自媒体社交平台兴起的"微商"群体快速崛起，正在构建以"社群"和"APP"为核心的去中心化的电子商务新模式。据统计，目前中国有大约1000万人在做微商，年交易流水约650亿元，其中朋友圈微商400亿个、微店150亿家。

"互联网+"时代，尽管电子商务在各个领域取得了较大的发展，仍面临着一系列问题和"瓶颈"。大宗商品电子交易领域，在线上和线下、现货和期货、商流和物流以及贸易和金融等方面，仍缺乏深度的融合机制。消费服务平台领域，有人气、没利润，"赔本赚吆喝"成为电商企业最大的痛点。跨境电子商务领域，近期关于跨境电子商务零售进口的税改新规，在短期内将加速行业洗牌，一些在供应链管理、品类以及价格上没有明显优势的企业将被淘汰。农村电商领域，农村网络基础设施、仓储物流设施、金融支付服务等方面的落后以及电商人才的缺乏，都对农村电商快速发展形成制约。移动电子商务领域，微商、微店作为电商发展的新兴领域，尚未建立信用评价体系和申诉体系，行业标准和市场机制亟须进一步健全和规范。

## 1.5 新型态电子商务

电子商务从2000年开始蓬勃发展，进而改变人类消费行为模式，同时带来无比巨大的商机，20年过去了，电子商务已不再是企业的经营战略重点，因每一企业都已走上电子商务的途径；而未来电子商务型态，受科技发展影响，已形成另一种新型态，以下分别就新零售、3D打印、无人驾驶等新商业模式进行介绍。

### 1.5.1 新零售商业模式

2017年，阿里巴巴将新零售一词挂在嘴上，其实基本上就是两个概念：将线上与线下打通，以及用数据驱动线下零售店的升级。根据阿里巴巴的定义，新零售是人货场的重构，需要三个核心条件：零售知识、基础讯息架构的技术能力以及大量网络用户的入口，这也是三者兼具的阿里巴巴的独特优势，而目前阿里巴巴发展新零售的两条路径：一个是原生物种的创造，另一个则是所谓的旧城改造。

盒马鲜生作为阿里巴巴重要的新零售试验场域，以"新零售的本质是数据驱动"为本质，除了提供店内消费外，同时也采取店仓合一模式，是仓储与订单履行中心，针对每家门市三公里以内的顾客提供送货服务。从整个运作流程来看，盒马用数据预测每日的进货量，把资源运用极大化，像是店内就有"日日鲜"专区，提供每日从产地直送来的肉品或农产品，这些产品也因为省去中间环节、冷链成本等，直接进入盒马贩卖，让价格甚至可以直接与菜市场的菜价竞争。

另一个特点是线上与线下的联动，例如，消费者可以通过扫描商品上的条形码，获得与线上一致的优惠方案；或者可以单纯只是逛超市，但通过线上下单，让包裹在三小时内送到你家。这些丰富的购物场景定义了所谓的新零售，融合线上与线下，可以服务不同领域不同需求不同种类的消费者。

### 1.5.2  3D打印商业模式

随着经济快速发展，人民收入增长，消费能力也不断提高，因此对于个性化产品更加热衷，3D打印机的出现不仅给制造者（maker）很大的舞台和商机，也给喜欢追求新潮的年轻人很好的机会。阿迪达斯2017年11月以机器人、3D打印、全自动化生产的客制球鞋"AM4"（Adidas Made For + 城市名称）系列，正式在全球接力登场，由伦敦特制款AM4LDN、巴黎特制款AM4PAR打头阵，在2017年年底先上市5000双，目标在2018年年底前，要生产10万双3D打印球鞋。从这种商业模式可知，未来制造商仅将消费者自行设计的图样，通过3D打印设备将图样打印出成品，直接寄送至消费者手上。

未来打印成品设备将由消费者自行构建，或是建立社区型打印点，消费者从制造商数据库中下载所需3D打印图样，直接由打印点打印出成品，可节省物流时间，届时电子商务经营商（如亚马逊、淘宝网、京东、唯品会等）将逐步消失。

### 1.5.3 无人驾驶营运

随着出现无人驾驶汽车的商业模式，如汽车公司要直接向车队运营商而不是消费者出售汽车，这将改变营销和研发资金的分配方式。未来可能会对几种车型实行货币化操作系统层面的经营模式，这些模式将深刻影响不同公司在研发、营销、游说和运营方面的投资。例如，如果特斯拉垂直整合模式赢了，预计消费者会继续看到华丽的营销和时尚风格的车辆，因为高价位、高利润的"硬件"车辆销售将成为业务的主要动力。如果百度"开源"模式赢了，预计消费者会看到许多来自不同制造商的低成本汽车，百度通过销售其他服务来获利。

当未来公路到处充满无人驾驶汽车时，路人不用恐慌，我们会发现交通比以前更顺畅、物流更有效率。UPS 以实验性质将一部大货车搭载无人机，大货车停靠空旷地方，由无人机直接将物品送达消费者，预计再过一两年 UPS 将大量采用。显而易见的，未来硬件商和软件商将分食这块"大饼"，也同时改变电商经营模式。

## 1.6 结 论

电子商务作为现代服务业中的重要产业，有"朝阳产业、绿色产业"之称，具有"三高""三新"的特点。"三高"即高人力资本含量、高技术含量和高附加价值；"三新"是指新技术、新业态、新方式。人流、物流、资金流、信息流"四流合一"是对电子商务核心价值链的概括。电子商务产业具有市场全球化、交易连续化、成本低廉化、资源集约化等优势。电子商务在我国工业、农业、商贸流通、交通运输、金融、旅游和城乡消费等各个领域的应用不断得到拓展，应用水平不断提高，正在形成与实体经济深入融合的发展态势。随着互联网的快速发展和人群中的普及化，以及中小企业应用电子商务进程的推进和国家对电子商务发展的重视，网络已经开始影响人们的生活观念，改变国人的消费模式。

# 第 2 章　电子商务模式与策略

人们总是习惯将事物进行分类，就好像我们会把生物分成动物和植物，再把动物由级而分成界、门、纲、目、科等几个等级。无疑，系统的、合乎逻辑的分类能够帮助我们更好地看清事物的本质，明白其中的真谛。同样，电子商务中也依照不同的交易对象进行了分类，使我们更清楚地明白各个电子商务模式以及它们的区别。

## 2.1　常见的电商模式

### 2.1.1　B2B

企业与企业之间的电子商务（B2B），主要是企业与企业之间通过专用网络或者 Internet，进行数据交换、服务交换和产品等交易活动。B2B 方式是目前电子商务应用最多的和最受企业重视的形式，互联网使得企业之间在供货、库存、运输、信息流通方面变得更为快捷，大大提高了企业的效率。

#### 2.1.1.1　B2B 基本分类
根据不同的应用领域和认识的不同，B2B 电商有不同的分类。
（1）卖方模式。
一个卖方面对多个买家销售，如企汇网等，卖方一般都是通过认证的企业，更多的功能是做公司或者产品的宣传、推广。
（2）买方模式。
一个买方面对多个卖家购买，如通用汽车和它大量上游厂家之间的合作。
（3）网络交易市场模式。
也称为电子集市，通俗地讲就是网络版"菜市场"，由供应商提供交易平台，多个买方和卖方在平台上进行交易活动。按行业内和行业外可分为行业电子集市和公共电子集市，行业电子集市如全球化学制品电子交易所，公共电子集市如阿里巴巴、中国建材网等。

（4）协同商务模式。

企业之间进行交流、合作、分享设计和信息等类似的非交易活动。

#### 2.1.1.2 B2B 特点

（1）交易主体。

B2B 模式可以由卖方和买方直接进行交易，交易通过公司网站直接进行；也可以根据自身需求选择专业的 B2B 网络平台进行交易。网络平台的主要作用是提供一个卖方和买方交易及协商的平台。B2B 模式的交易对象较为固定，企业一旦确定交易对象之后一般不会进行更改，因为企业需要寻求稳定的合作方。

（2）交易类型。

B2B 交易主要两种基本类型：现货采购和策略性采购。现货采购是指在企业需要时才进行采购，按市场价进行交易，如股票交易、柴米油盐购买等。而策略性采购，是企业与供应商进行协商，确定长期的合作，价钱由双方协商确定，一般低于市场价格或者有其他类型优惠条件。相比于现货采购，策略性采购更具有效率，但是现货采购能及时地补充企业生产工作所需的材料。

（3）交易模式。

主要分为垂直 B2B 和水平 B2B 两种交易模式。垂直 B2B 主要分为两个方向：一是企业与上游供应商形成供货关系，如大众汽车与上游的材料供应商就是通过这种方式合作；二是企业与下游经销商形成供销关系，如 Cisco 和其分销商之间的交易。水平 B2B 是将各个行业间相近的交易过程集中到一个平台上，为企业采购方和供应方提供一个平台，像阿里巴巴、环球资源网、中国建材网等。现阶段网络交易已经成为一种趋势，而 B2B 是企业实现企业电子商务的开始，未来它的应用和发展将会更加适应企业的需要。

### 2.1.2 B2C

B2C 是企业对消费者的电子商务模式，一般以网络零售业为主，直接面向消费者销售产品或者服务。B2C 通过互联网创造一个新型的消费环境,消费者在网上商店进行购物,并完成支付。这种模式极大地节省了企业和用户的时间和空间,提高了工作效率。

### 2.1.2.1　B2C 基本分类

(1) 中间商模式。

中间商模式指企业没有自己的生产基地,仅作为中间商在网络上销售商品,根据商品种类的多少又可以进一步分为综合类和垂直类。综合类如当当、亚马逊这类的公司,出售的产品种类广而全。垂直类 B2C 公司专营某一类商品且更具专业性,如蜜芽这种专注母婴产品的平台。

(2) 第三方平台交易模式。

由电子商务企业为企业构建网站作为交易平台,自身并不参与产品的销售与流通的过程。这种模式让企业直接与消费者进行交易,节约了企业自建网站的成本,而电子商务企业通过店铺开通、广告、支付等服务获利。这种模式主要有天猫商城、京东商城等。

(3) 制造商直销模式。

企业将生产的产品通过自建的电子商务平台,直接向消费者提供。而这种模式也分为两种:一种是企业只通过网络平台进行销售;而另一种就是"双管齐下",既在网络上销售也在线下的实体店面中销售,如国美电器。这种模式减少了中间环节,是企业直接和消费者进行交易,减少了营销成本。但是同时这种模式也导致其销售的产品单一,难以满足消费者的需求,无法提供"一站式"的服务。

(4) 传统零售商网络销售模式。

传统零售商开展电子商务,可以将丰富的零售经验和电商有机结合起来,有效整合传统零售业务的实体资源、供应链及物流体系。

### 2.1.2.2　B2C 特点

(1) 交易次数频繁,交易金额小。

B2C 模式主要是商品零售和批发,一般购买的商品数量少,且金额小,这类的商品一般是消费品,过一段时间就需要再次购买,因而交易次数频繁。

(2) 交易商品的局限性。

B2C 所销售的产品或服务主要为终端需求服务,因此所销售的商品大多是易消耗的消费品。

(3) 顾客的稳定性相对较小。

在 B2C 中，由于卖家数量繁多，许多同类产品的品质、价格等相近，而且通过网络买家可以不受地域限制地选择交易卖家，因此，即使是顾客对上次所购买的产品和服务不满意，下次也未必会选择同一个卖家进行交易。B2C 消费中通常会出现"一次性购买"的情况，与 B2B 相比顾客的稳定性较小。

### 2.1.3　C2B

C2B 是指从客户需求出发，到企业的价值创造和传递。这和传统的 B2C 正好相反。真正的 C2B 应该先由消费者提出需求，后由生产企业按需求组织生产。通常情况下，消费者根据自身需求定制产品和价格，或主动参与产品设计、生产和定价，产品、价格等彰显了消费者的个性化需求，生产企业进行定制化生产。

#### 2.1.3.1　C2B 的三种形式

(1) 聚合需求形式。

这种运营模式将所有用户的需求聚合在一起之后，再进行快速加工制造，避免了资源浪费。这种运营模式让商家实现了零库存，即不存在库存成本，并且，在了解用户的需求分布之后，商家也能节省不少的运输成本等。商家降低成本后，用户自然也可以享受到更低的价格，是一种双赢的局面。同时，用户通过这种方式购买的商品，会更加满足用户自身的需求，极大地提高了用户满意度。

但是这种运营模式也存在一定的缺点，用户的需求太少或太多都会造成生产商的生产困难。在需求量较少时是否还需要生产产品就成为一个问题，若继续生产则无疑增加了商家的成本，若不生产则会影响商家与顾客的关系；而需求量较多时也有可能造成生产商无法及时生产出产品来满足客户的需求。

(2) 个性化定制。

现在个性化定制已经越来越流行，许多人开始青睐于个性化定制的商品，即便是支付较高的费用。这种需求也让商家开启了新的 C2B 运营模式——个性化定制模式。当用户有消费需求时，就会提出请求，商家根据用户的请求来定制相应的产品。

这样的定制产品能最大限度地满足用户的需求，有利于吸引更多的用户。由于采用定制化，故它的成本相对较高，能够进行这种产品消费的用户也只是少数，尤其是一些客户的定制要求高，价格不菲而且难以制作，如果不是非常有实力的电商平台，是不能采取这种运营模式的。

（3）要约形式。

要约形式是由用户出价，商家觉得价格合理的情况下将产品出售给用户的一种运营模式。这种模式有利于商家，隐藏商品的差价，直接由用户出价进行交易，节省了中间的商谈时间。

当然要约形式也有它的缺点，虽然用户不知道商品的价格，但是在多次尝试后就能大概算出商品的实际价格。因此，商家不能以过高的价格出售给用户，一旦用户了解商品的价格，就会远离那些要价高的商家。此外，若商家经常拒绝用户的报价，同样会导致用户的流失。因此，商家要事先把握好价格的尺度。

#### 2.1.3.2　C2B 特点

（1）临时性。

C2B 电子商务中的消费者组织是临时聚合的，集体议价和联合购买也都是一次性的，这说明 C2B 电子商务的临时性或一次性。

（2）目标性。

在 C2B 电子商务中，消费者组织需求的目标非常明确，那就是获取最大的优惠利益。而企业群体的目标性同样强烈，这也是企业群体和消费者谈判的筹码和底线。

（3）周期性。

在 C2B 电子商务中，由需求驱动到消费者自觉聚合，再到集体议价和联合购买，再到目标完成，这是一个典型的生命周期。C2B 电子商务就是消费者周期性组织起来集体购买的一种方式。

（4）冲突性。

C2B 电子商务具有冲突性，消费者组织起来本身就具有一定的意义，消费者要建立自己的力量和企业群体对抗，C2B 电子商务就是在双方力量争斗消长的过程中进行的。

### 2.1.4 C2C

C2C 模式是网上个体消费者之间的交易或交换的电子商务模式。C2C 电子商务一般要借助第三方交易平台,如美国的 eBay,国内的淘宝、易趣、拍拍等。C2C 模式有多种盈利方式,最常用的是网上拍卖,其他还有分类广告、个性服务、交易、虚拟资产出售以及支持性增值服务。在中国,C2C 的龙头老大是淘宝网。

#### 2.1.4.1 C2C 的盈利模式

(1)交易提成。

无论在什么时候,交易提成都是 C2C 网站的主要利润来源。虽然 C2C 的交易额不像 B2B 平台那么大,但是 C2C 里面的客户众多、交易频繁。所以未来 C2C 肯定是电子商务中最活跃的虚拟商业市场,这也将为 C2C 网站带来高额利润。

(2)广告收入。

从网络中看,C2C 网站就像大型超市在生活中的地位,它是网民经常光顾的地方,并且拥有超高的人气、频繁的点击率和数量庞大的会员。其中所蕴藏的商机是所有企业都不想错过的,所以广告收入也是网站利润的一大来源。

(3)网站提供增值服务。

C2C 网站并不只是为交易双方提供一个平台,更多的是为双方提供交易服务,尽量满足客户的各种需求,来达成双方的交易。因此网站可以通过建设更好的搜索引擎来提高效率,达成更多的交易。

#### 2.1.4.2 C2C 的特点

(1)用户数量多且复杂。

用户数量多,且身份复杂。由于 C2C 电子商务平台对所有人都是开放的,并且是免费的。无论将来是否免费,但至少短时间内会保持目前这种状态。因此,几乎任何人都可以注册成为网站的用户。截至 2006 年 12 月,淘宝网注册会员超过 3000 万人,而 2008 年的注册用户就已经达到了 9800 万。

除了数量众多之外,C2C 电子商务网站的用户身份也较为复杂。首先,很多商家同时又是买家,即不少用户同时具有买家和卖家的双重身份。其次,在 C2C 电子商务网站上开店的用户有些并不以赚钱为目的,而只是为了出售一些自己已经不需要的物品,甚至有些只是将其作为一种娱乐。

(2) 商品质量参差不齐。

商品信息多,且商品质量参差不齐。既然有着数量众多的卖家,自然也就有着数量众多的待出售的物品。C2C 电子商务同站上不仅有人们日常生活中的常用物品,如衣服、鞋帽、化妆品、家电、书籍等,也有各种各样的新鲜玩意,如游戏点卡、个人收藏、顶级奢侈品等。此外,商品的质量也是参差不齐的;既有全新的,也有二手的;既有正品的,也有仿冒的;既有大工厂统一生产的,也有小作坊个人制作的。总之,C2C 电子商务网站就像把我们传统的大商场、特色小店、地摊和跳蚤市场,都融合在了一起,因此,商品信息也是相当庞杂的。

(3) 交易多且金额较小。

交易次数多,但每次交易的成交额较小。由于 C2C 电子商务中参加交易的双方尤其是买家往往是个人,其购买的物品往往又都是单件或者少量的,因此与 B2B 完全不一样,C2C 命中注定就是"本小利薄"。数量小、批次多是目前绝大部分中国 C2C 卖家所面临的情况。

## 2.2 新兴的电商模式

### 2.2.1 O2O (Online to Outline)

O2O 是将线下的商务机会与互联网结合,让互联网成为线下交易的平台。O2O 最早来源于美国,2013 年在我国进入高速发展阶段,开始了本地化及移动设备的整合和完善。

随着智能手机引发的移动互联网的发展,正在出现线上与线下高度融合、线上的往线下走(如阿里巴巴并购苏宁、银泰,建立菜鸟物流)、线下的往线上走(如苏宁、万达、平安)等趋势。

#### 2.2.1.1 O2O 模式的优势

(1) 商家间的互利共赢。

对线下商家而言,O2O 采用线上支付模式,支付信息将成为商家获取消费者信息的重要渠道。O2O 模式还可以对商家的营销效果进行直观的统计、分析、追踪及评估，弥补了以往营销推广效果的不可预测性。O2O 模式也为消费者提供了全面、及时、丰富和适合的商家优惠信息，消费者可以获得优于线下的消费价格。对平台而言，O2O 模式可以带来高粘度的消费者，对商家有强大的推广作用及其可衡量的推广效果，可吸引大量线下生活服务商家加入。

（2）改善用户的体验。

B2B 改变了制造业交易方式，B2C、C2C 改变了零售业销售方式和人们的消费生活方式。而 B2B/B2C/C2C 商业模式的最大局限在于"用户体验"，随着用户产品体验诉求及产品服务诉求的日渐高涨，单一线上模式的"瓶颈"凸现出来。O2O 显然有效地解决了这一难题，这一跨越也使 O2O 模式成为电子商务领域的新模式和新方向。线下的服务不能装箱配送，快递本身也无法传递社交体验所带来的快乐。但是通过 O2O 模式，将线下商品或服务进行展示，并提供在线支付"预约消费"，对于消费者来说不仅拓宽了选择的余地，还可以通过线上对比选择和享受最令人期待和合适的服务。

（3）实现精准营销。

互联网的虚拟性使 B2B/B2C/C2C 模式在线上达成了交易，但对线下发生了什么则无法掌控，这种粗放式交易无法提升电子商务的交易效率。O2O 模式的最大优势就是对每笔交易的"可追踪"，对推广效果的"可追查"。一方面，通过线上平台为商家导入更多的客流，并提高用户消费数据的收集力度，帮助商家实现精准营销；另一方面，充分挖掘线下商家资源，使用户享受更便捷、更合适的产品或服务。

### 2.2.1.2　O2O 模式的特点

（1）服务于本地消费者，营销更精准。

由于 O2O 模式的一大核心是要让消费者在线下体验服务，因此 O2O 平台的营销主要针对的就是本地消费者。利用 LBS 和 GPS 技术，消费者可以对自己所处的地域进行选择，甚至可以看到自己当前所处位置方圆一公里内有哪些商家正在提供服务，他们各自的评价和信誉如何等。与 B2C 和 C2C 等相比，在此模式下，消费者得到的信息更精准、有效，服务商营销的成功率也就相应地更高。

(2) 整合服务商与消费者资源，促使双方共赢。

O2O 平台是联系服务商与消费者之间的一座"桥梁"，平台凭借移动互联网的力量聚集了大量的消费者，通过在线推送和营销，将网上潜在用户引入线下，真正为服务商们带来收益。因此，平台的一大重要任务就是要对线上线下的资源进行整合。严把服务商的审查关，督促他们为消费者提供更优质的服务，并使其在消费者中树立良好的信誉。O2O 平台上这样的服务商越多就会吸引越多的消费者来进行消费，从而形成服务商、消费者、O2O 平台共赢的态势。

(3) 在线支付后的信息分析与共享。

在线支付是 O2O 闭环消费链条形成的关键环节。消费者在线上选择自己所需的商品和服务后完成支付，这是一笔交易完成的显著标志。服务商可以从相关的交易数据中获知商品的营销效果及与销售相关的多项数据，如销售额、消费族群与商品的关系等，这些统计数据对服务商本身甚至整个行业都有积极的借鉴意义。

### 2.2.1.3 O2O 模式的机遇

(1) O2O 模式的潜在市场巨大。

现阶段从我国 O2O 的发展来看，餐饮业、旅游业、酒店业及汽车租赁业都为 O2O 提供了巨大的发展机会。根据艾媒咨询发布的数据显示，2012 年中国 O2O 市场规模达到 986.8 亿元，未来几年将持续快速增长。现阶段仅仅是 O2O 市场的起步阶段，随着智能手机的不断普及，在用户消费半径上，还会涌现出基于用户个性化需求的巨大潜在市场。

(2) 基于移动互联网的 SoLoMo 前景广阔。

移动互联网的广泛应用成为线上与线下无缝对接的最佳载体。随着移动互联网的发展，人们的消费习惯及消费行为逐渐向移动端过渡。O2O 模式下的移动电子商务具有两大特征，即实时性和便利性。移动互联网整合了大量资源，拥有海量信息，并可以高效传递这些信息。只要有移动终端、有无线网的覆盖，就可以实时、快捷地查询到需要的服务信息，并直接在线上下单。

SoLoMo 是由 Social、Local、Mobile 合成的词语，即"社交"+"本地"+"移动"。它标志着社交、本地和移动相结合的产品将成为电子商务的下一个大趋势，而 O2O 模式正是 SoLoMo 概念的最好体现。对于本地商家而言，线上广告的成效被直接转换成实际的购买行为。每笔完成的订单在确认页面都有

"追踪代码"，商家在掌握线上营销投资回报率的同时，还能持续深化CRM管理。

（3）数据挖掘技术渗透商业领域。

随着互联网的发展及移动互联网的普及，互动式社会化自媒体时代的到来，线上和线下的互动带来海量数据，这些海量数据包含着巨大商业价值。大数据（big data）正在推动着强劲的商业革命。例如，百度全力以赴开发自己的大数据处理和储存系统，腾讯意识到目前已经进入了"数据化运营"的黄金时期，如何挖掘这些宝藏成为未来的关键任务。

### 2.2.2 F2C

F2C（也称为M2C），指的是factory to consumers，即工厂到消费者，是一种全新的现代商业模式。在F2C模式下，交易双方只有生产者和消费者，辅助以电子货币完成资金支付，物流完成实物递送。F2C的产生，符合了渠道扁平化的发展要求，其在分销路径上所展现出来的优势，是其他分销模式不具备的。

传统的商品流通路径是：工厂→品牌公司→总代理→经销商→卖场→消费者，由于环节太多，层层加价，当产品到达消费者手里时价格往往居高不下。F2C模式是品牌公司把设计好的产品交由工厂代工后直接通过终端送达消费者手中，流通路径最短，这样既可确保产品低价，又可保证质量与服务。采用这种模式的成功典范有：宜家、迪卡侬、乐豪斯、ZARA、H&M等，它们为消费者提供了最具性价比的产品。

#### 2.2.2.1 F2C的发展优势

F2C平台的销售方是厂家，消费者直接和厂家进行交易，厂家直销很好地保证了信誉、产品质量和解决售后的问题，因为厂家作为一个大规模的品牌商，不会为一笔零售交易欺骗消费者，所销售的产品均为正品，不存在假冒伪劣的可能。并且在价格上还具有一定的吸引力，而消费者对这样的模式平台也同样有着一种高度的信赖感。F2C电子商务模式确实给消费者带来了极大的便利与购物保证，在未来，类似这种能够被消费者认可的模式会继续被其他更多行业选择、应用。

#### 2.2.2.2 F2C 电子商务的物流模式

（1）第三方模式。

该模式由第三方提供电子商务平台（前身多为信息技术企业），卖家的商品由卖家自己进行展示营销，而平台提供商品信息展示以及在线交流甚至支付等功能。

（2）贸易商模式。

该模式由贸易商提供电子商务平台，贸易商组织商品采购，并在线进行商品销售；客户直接在线进行商品订购，通过物流进行商品交互。

（3）生产商模式。

该模式由生产商提供电子商务平台，生产企业对自己的产品进行在线营销。

## 2.3 电子商务模式的经营策略

科技改变生活，移动消费的快速发展和第三方支付的广泛应用给人们带来了巨大的便利，这也预示着电子商务进入一个新的发展阶段。如何利用电子商务进行营销也成为许多企业着重关注的问题。

### 2.3.1 建立高效信息系统，优化资源配置

目前，电商的盈利门槛已经大幅提高，经营成本不断攀升，如同经济领域在经历了初期的粗放发展后必然开启精耕细作的时代一样，电商也必须在赢得丰厚利润的同时，学会提高自身成本管理水平，这对电商企业在激烈的竞争中站稳脚跟、获取长足发展具有重要的战略意义。

这方面可以通过建立高效的信息收集系统来优化资源配置。企业对用户的访问数据进行收集和整合，利用大数据进行分析后，通过推送用户喜欢的产品，一方面让用户更好、更快地找到自己需求的产品；另一方面也减少企业与用户之间出现销售问题的可能性。同时信息系统也可以收集用户的使用反馈，从而了解行业动向和自身的发展情况，以此来优化资源配置，降低成本，提高经营效益。

### 2.3.2 突出差异化，利用口碑效应

长期以来，人们对于互联网的一个普遍性共识即：互联网降低了交易成本，因此，相较于传统的线下销售渠道，网络零售最为明显的优势即价格与成本。但只要深入分析后便不难发现，网络销售的价格与成本优势并非人们所想象得那么大。而导致人们产生这一固有观念的主要原因是在网络购物发展的初级阶段，各购物网站为了获取流量资源、吸引消费群体、扩大发展规模，普遍采取了低价竞争策略，打起了轰轰烈烈的"价格战"。而在经过了一段发展时期后，市场必然会回归理性，网络购物的竞争对手也由与线下商家的竞争转变为线上竞争，同行业之间的竞价空间越来越小，单纯凭借低价策略来获取市场份额的方式效果已经不大。还有目前中国的生活水平普遍提高，人们开始更加注重质量和使用后的感受，单纯的低价策略已经无法形成明显优势，甚至可能变成劣势。因此，只有寻求服务商的差异化才能够获得新的竞争优势，让消费者记住你的品牌、记住你的特点、吸引到更多的人，才能获取到更多的利润收益。

### 2.3.3 电子商务与物流配送的系统建设

电子商务下的物流配送，就是信息化、现代化、社会化的物流配送。它是指物流配送企业采用网络化的计算机技术和现代化的硬件设备、软件系统及先进的管理手段，针对社会需求，严格地、守信用地按用户的订货要求，进行一系列分类、编配、整理、分工、配货等理货工作，定时、定点、定量地交给没有范围限度的各类用户，满足其对商品的需求。

可以看出，这种新兴的物流配送是以一种全新的面貌——成为流通流域革新的先锋，代表了现代市场营销的主方向。新型物流配送能使商品流通较传统的物流配送方式更容易实现信息化、自动化、现代化、社会化、智能化、合理化、简单化，使货畅其流，物尽其用，既减少生产企业库存、加速资金周转、提高物流效率、降低物流成本，又刺激了社会需求，有利于整个社会的宏观调控，也提高了整个社会的经济效益，促进市场经济的健康发展。

### 2.3.4 发展品牌社群营销

随着社会化媒体的快速发展，具有相同爱好的人通过媒体平台聚集形成现代新型社群，在社群中，人们相互沟通交流形成强大的凝聚力。粉丝正是一种典型的社群体系。粉丝们因相同的追随对象聚合成群，彼此间拥有强烈的情感连接和长期的文化消费行为，并由此衍生出粉丝经济产业链。

品牌社群营销是以一品牌为中心建立的社群关系，企业先寻找一个对品牌产生认同感的群体，以价值服务为基础，与社群进行互动来产生品牌认同感和消费意愿，并借此影响更多的人，激发他们的消费意愿。

小米公司就是其中典型的案例，它通过推出超出消费者预期的高品质产品，使用户对品牌产生强烈的认同感。小米再与粉丝通过社区平台积极互动，这样增加了粉丝的活跃度和归属感，进而培养粉丝的忠诚度。通过对消费者的情感资本投资来实现消费者对产品的价值认同和归属感，打造具有特色的粉丝团队即"米粉"。此外，小米还通过开展小米用户同城会、"爆米花"用户见面会、"米粉节"等线上线下结合的活动，与米粉进行互动，这种高模式也让小米手机的口碑营销收到了极佳的效果。

## 2.4 结　　论

当前，我国的支付产业链发展仍有待完善，在支付、物流等配套服务方面依然存在着明显的滞后性，这也导致网络购物的市场发展受到了巨大的限制。同时电子商务模式对于第三方物流有着极高的依赖性，这也在一定程度上导致了电子商务的发展受到限制。举例来说，在 2011 年，中通、圆通和韵达快递公司便采取联手涨价措施，导致电商企业和消费者措手不及。此外，当前我国的物流行业也还没有一套完善的标准规范，对于服务质量难以做到充分的保障，由此也就导致了网购风险的加剧。因此，支付体系建设和物流配送系统的发展将成为大趋势。

电子商务改变了传统的面对面的交易方式，它通过互联网让企业面对整个世界，为消费者提供全天候的服务，创造了新的商机。社群媒体和社群平台为商家提供了更多和客户接触的机会，通过网络将线上与线下结合起来，使企业的产品能更贴近消费者的需求。

　　企业应该尽可能地利用现有的社群媒体，构建与客户互动的平台，通过调查研究、观察和聆听去了解客户的需求，并借此增加与客户互动的机会，增加客户黏性。因此，电子商务的重点不在商务，而在沟通，商务不是不重要，不能只从企业的角度来思考商务，企业经营的目的究其根本是让消费者购买自己的产品，因此企业应该注重并且学会从消费者的角度来思考商务。

　　电子商务的成功除了要吸引人流外，更重要的是了解消费者，通过塑造良好的个性化服务经验，通过完善的购物体验，为客户打造合适的促销方案、安全的付款机制、合理的价格以及优质的产品质量。让用户真正"放心购物，快乐购物"，只有真正以消费者为主，企业的产品才能普遍被消费者接受。

# 第3章 电子商务的基础环境

近年来,电子商务在我国飞速发展,它的发展为国民经济和企业生产带来了巨大的经济效益,因此受到许多企业的高度关注。许多企业都期待建立属于自己的电子商务平台,并借此获得更多的发展机会。但是如果不了解电子商务发展的相关法律环境和技术环境等相关因素,就不易掌握电子商务发展的趋势,对进展神速的电子商务的相关技术,就可能因为无法跟上而导致企业的失败。

因此,在探讨电子商务前,我们需要了解电子商务相关的环境和技术因素,本章主要介绍促进电子商务发展的相关技术,影响电子商务的相关环境因素,同时也分析一些未来技术的发展,除了了解目前电子商务形势外也能够了解到未来电子商务发展的趋势,为读者提供未来电子商务可能发展的方向,更好地把握发展的机会。

## 3.1 基础环境

### 3.1.1 计算机的发展历程

计算机作为现在人们生活中的必需品,最早于1946年2月在美国诞生,取名为电子数值积分计算机(ENIAC),ENIAC奠定了计算机的发展基础,在计算机发展史上具有划时代的意义,它的问世标志着计算机时代的到来。此后,计算机技术飞速发展。第一代的计算机还是采用电子管,主要用于科学计算;1959年第二代计算机开始利用晶体管,相比第一代计算机,第二代计算机还用于数据处理和实时控制等领域;再到1965年第三代计算机使用小规模的集成电路组件,使计算机可以应用到企业和辅助设计等领域;而1971

年至今的第四代计算机则是采用超大规模集成电路作为主要组件，应用范围也扩大到办公、数据库管理、图像处理、语音识别和国防系统等领域。

计算机发展到了今天，出现了云计算机，云计算机采用与个人PC和超级计算机完全不同的新兴体系架构，借助于云计算虚拟化技术，将多个成本相对较低的计算机融合成一台具有强大计算和储存能力的计算机。云计算机的应用也是十分广泛，政府、企业、智慧城市，甚至电子商务等行业都是云计算机的应用领域。这方面，我国的紫光股份有限公司率先推出了全球第一台"云计算机"，可以说是走在了世界云计算机的发展前沿。云计算的出现带来了全新的用户体验，也加快了信息化的推进进程。

计算机的出现及其应用无疑改变了人们传统的工作、学习、生活和思维方式，也造就了更多行业的发展，尤其是以计算机为核心的电子商务可以说是势如猛虎，在国内更是飞速发展。

### 3.1.2 网络基础设施的完善

网络基础设施，也称作"信息高速公路"，主要是通过骨干网、城域网和局域网的层层相连组成的信息传输的通路。网络基础设施包括终端设备、传输链路以及转接交换设备等。

电子商务的发展需要可靠的通信网作为基础。只有在基础通信网之上，互联网、内联网、外联网等应用网络才能进一步建立和发展起来，电子商务才能有可靠的网络平台基础。还有公用电话网、窄带、宽带和数据网等网络的简称和发展，为我国互联网络等增值网的发展以及电子商务的推广创造了基本条件。

经过20余年的发展，我国网络基础设施基本完备，信息传输变得快捷便利，已经基本建成覆盖全国的大容量、高效率的光缆传输网络，在绝大多数省会城市都会有两条干线光缆通过，传输容量能够满足各种形式信息的传送要求。在这些光纤网络的基础上，还建设了公用移动通信网、公用数据和多媒体通信网，基础通信网络已经具有相当规模。加之"互联网+"风潮的推动下，现在的电信运营企业加大互联网接入宽带化、骨干网高速建设力度、优化网络结构、提高网络性能和互联网之间的通信质量。除此之外，政策方面也开始加强信息安全的建设和管理，完善国家网络和信息安全基础设施，提高风险隐患与信息安全产品与服务行业，提升安全服务保障能力。这些网络基础设施的完善也为我国发展电子商务奠定了良好的基础，使得电子商务在我国能够更快、更稳地发展。

### 3.1.3 电商人才的发展与用户的增长

基础设备的发展使得电子商务行业具有广阔的发展前景，而这对电子商务人才的要求也更高。得益于我国市场经济和信息处理技术的发展，还有国家的政策支持，电子商务人才的培养也开始步入正轨。在2000年就有浙江大学、北京邮电大学和西安交大等国内著名的大学开始开设电子商务专业，旨在培养适应时代电子商务的人才，自此电子商务人才培养在国内拉开序幕。截至2015年，全国共有324所高等院校开设电子商务专业，同时还有大量的专科院校开设了相关专业。而且现在也有许多私人培训机构开设与电子商务相关的课程，也为电子商务培养了一批优秀的人才。这些院校和私人培训机构为我国的电子商务的发展输送了一大批的人才资源，间接地促进了我国电子商务的发展。

除了专业的人才之外，消费者自然也是促进行业发展的主力军。理论上，所有可以上网的用户都是电子商务行业的潜在客户。截至2017年12月，我国网民规模达7.72亿，普及率达到55.8%，手机网民规模达7.53亿，而且我国网民规模保持着平稳的增长。庞大的用户资源和认知度不断提升，为电子商务的发展奠定了良好的用户基础。

## 3.2 技术环境

### 3.2.1 网络的基本概念

#### 3.2.1.1 封包交换技术

封包技术最早实现于1971年，通常称为ARPANET。封包交换技术传输形成封包的数据并通过共享网络加以发送。每个封包（packet）或数据报（datagram）都单独加以编址，以便使封包交换，将每个封包在最适当的和可用的电路上加以传送，每个封包独立地存在。每个封包可表示单独的一组数据或者将较大的一组数据分成多个封包，其中每个都有自己的通过网络独立传送的路径。由大量用户提供到网络上的封包使用相同的交换和传输设备，这种较高共享性的网络与电路交换相比大大降低了数据传输成本。这使得网络的运用变得非常有弹性，换句话说，同一个讯息的封包可能分别经由不同的网络传送，同一个网络也可能同时传送多个隶属不同讯息的封包，能够高度提升传输的效率。

（1）TCP/IP 协议。

TCP 是传输控制协议（Transmission Control Protocol, TCP）的缩写。世界上有各种不同类型的计算机，也有不同的操作系统，要想让这些装有不同操作系统的不同类型计算机互相通信，就必须有统一的标准。TCP/IP 是 Internet 使用的一组协议（protocol），是目前被各方面遵从的网际互联工业标准。

协议有底层和上层之分，底层协议规定了计算机硬件的接口规范，上层协议规定了软件程序必须共同遵守的一些规则以及程序员在写程序时使用的统一标准。TCP/IP 有 100 多个协议，其中最重要的两个协议是传输控制协议 TCP（Transmission Control Protocol）和互联协议 IP（Internet Protocol）。IP 负责信息的实际传送，而 TCP 则保证所传送的信息是正确的。

TCP/IP 协议规范了网络上的所有通信设备，尤其是一个主机与另一个主机之间的数据往来格式以及传送方式。TCP/IP 是 Internet 的基础协议，也是一种计算机数据打包和寻址的标准方法。在数据传送中，可以形象地理解为有两个信封，如图 3-1 所示。

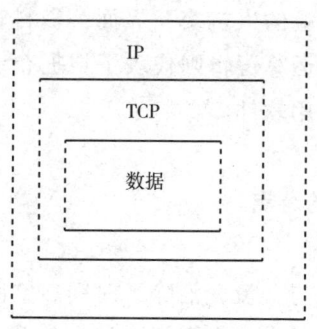

图 3-1　TCP/IP 示例

TCP 和 IP 就像是信封，要传递的信息被划分成若干段，每一段塞入一个 TCP 信封，并在该信封面上记录有分段号的信息，再将 TCP 信封塞入 IP 大信封，发送上网。在接收端，一个 TCP 软件包收集信封，抽出数据，按发送前的顺序还原，并加以校验，若发现差错，TCP 将会要求重发。因此，TCP/IP

在 Internet 中几乎可以无差错地传送数据。对 Internet 用户来说，并不需要了解网络协议的整个结构，仅须了解 IP 的地址格式，即可与世界各地进行网络通信。特别要注意 TCP/IP 协议封装和解封并不仅仅发生在源计算机上，在从源目的的路径上经过的所有路由器上也会执行这个过程。

（2）主从式运算。

目前，大部分独立使用的计算机都已与网络连接。网络上计算机所作的运算一般属于分布式处理方式，即将所有的处理工作分给连接在网络中的微型机、小型机和大型机。

现今被广泛应用的是一种主从式运算结构（client/server computing 或者 browser/server computing）。在主从式运算结构中，计算机的处理工作分配给客户机端/浏览器与服务器端共同完成。一般的用户在客户机端/浏览器进行操作，通过网络与服务器端连接，并从服务器端获取资料与服务。

在主从式运算结构中，客户机端一般是一台微型计算机、便携式计算机或者是一个浏览器，既可直接运行客户需求，也可通过网络向服务器发出请求，或向服务器输入资料，或从服务器获取资料；服务器端则获取客户机端的资料，分析处理并存储，或向客户机端提供应用软件、数据资料等各种服务，并执行客户机端看不见的后台功能——网络管理活动。

在主从式运算结构中，根据客户机端与服务器端在人机交互界面、运算逻辑、资料管理三方面所承担的任务差异，可以划分成不同的类型。其中，界面指的是展示在客户机端的人机交互界面，资料管理指的是存储在服务器端的数据库与数据仓库，运算逻辑则代表了根据企业营运规则所形成的处理逻辑，并为此所编写的应用软件。

#### 3.2.1.2 网络资源的特点

（1）开放性、共享性。

网络信息资源的传递与交流，消除了时间、空间的限制和地理位置的差异，使知识信息在更高的程度上实现了全社会的共享，每个信息服务机构都成为全球性网络的一个站点，成为全开放的为全社会服务的网络信息中心和知识中心。网络信息资源的利用是整个信息网络建设的重要组成部分，也是科技信息网络面向用户并得以迅速发展的关键。要使信息网络具有生命力，其首要的工作是加强网络信息资源的开发和利用，保证网络信息资源朝着健康、有序的方向发展。

（2）可检索的便捷性。

在网络环境下，用户既可以进行光盘检索、联机检索，也可以在网上浏览、漫游世界、查询所需信息，同时还可以通过主页和域名登记向全球发布信息，这是种双向多功能主动式的现代化的服务手段。查阅网络信息资源既不受图书馆开馆时间的限制，也不受地点和借阅数量的限制，只要用户有电话和计算机，就可以自由方便地在自己家里查阅。传统文献主要是通过参考文献、引用注释或二次文献等方式来提示相关文献，用户查找原始文献十分费力，而网络信息资源检索利用超文本链接，构成立体网状文献链，能把不同国家、不同地区、各种服务器、各种网页、各种不同文献都通过节点链接起来，以使查阅者在浩瀚的信息海洋中快捷、准确地得到所需的有关信息。

（3）资源建设高效性。

"高效"并不是指速度方面的高效率，而是指用户所需要的知识信息，对自己从事的活动具有较高价值。凡是用户认为具有较高的实用价值，能获得高效益的知识内容，用户会千方百计甚至不惜重金去搜集。现在世界上许多国家都在花大量的精力和时间进入互联网络，并在网上漫游。其主要一点就是网络信息具有很强的实用价值，能给人们带来较大的经济效益。几乎每个国家每年都要花大量经费购买对本国经济科技发展有重要价值的专利，这些都是最好的证明。显而易见，利用网络信息资源的价值的本质体现，就在于它的"高效性"，即有较高的学术价值和实用价值，它的价值性给用户提供了方便，带来了效益，同时也为科研、教学提供素材和参考，了解科技的发展动向，便于人们及时掌握学术水平的发展及动态。

（4）时效性及交互功能强。

由于网络信息资源从本质上改变了信息的创造交流和获取的方式，完全抛弃了传统的出版概念，实行了无纸化的出版，从作者投稿、专家审稿、组稿编辑等都在网上进行，避免了印刷、发行、投递等环节，因而大大缩短了编辑出版时间，其时效性是过去传统的文献信息资源不可比拟的。而且在网络资源出版的过程中，读者和编者可不受时间和地域的限制即时交流，从而使内容更加新颖和及时，以最快的速度传播新成果。

网络信息资源强大的交互功能，可以形成广泛的论坛氛围，有关专家可以就某一专题开设电子论坛，网上直接反馈读者信息，参与交流讨论。作者、出版者和读者可以通过网络直接沟通，如读者若对某篇文章有意见，可随时在网上直接与作者和编者交流，然后作者和编者再根据读者的反馈意见对论文进行修改，便于提高论文质量。

（5）信息容量大且形式复杂。

Internet 是个开放的信息传播平台，任何机构和个人都可以将自己拥有的且愿意让他人共享的信息上网，这些文献几乎覆盖社会生产、生活以及其他的社会实践中，产生的各种信息网络息资源以数字化的形式存储在全球范围的不同服务器上，将大数量、多类型、多媒体非规范的信息融合在数字化形式上，并通过互联网广泛传播，文献形式包括电子文献、数据库、文本、声像、视频、游戏、电子论坛等，集视、听、用于一体。这使得互联网上的信息繁多复杂，数量增长迅猛，形成一个无穷尽的信息"海洋"。

### 3.2.2 发展电商的大环境架构

（1）实体通信网络基础架构。

电子商务的基本定义就是由互联网进行各种商务交易，因此网际网络的发展成了电子商务发展最根本的必要措施。近些年来，互联网技术迅速发展和普及，使得无线网络有了极大的变化，其包含地面微波、通讯卫星、Wi-Fi、Wi-Max、蓝牙、无线射频识别技术以及无线网站等无线联机方式，速度也随着科技的进步而大幅提升，双绞线的速度可达 1000Mbps，光纤网络更是可以达到 6Tbps 以上。上网设备也有电脑设备逐渐向可移动上网设备转化，如笔记本电脑、平板电脑和手机。尤其是手机，几乎已经成为现在移动购物的必备物品。

（2）多媒体及网络出版技术基础架构。

发展电子商务的另一个要素是如何在网络世界中呈现出想要传递的内容，而且可以随心所欲地展现文字、语音和影像等，借此来达到最好的沟通与说服效果，而多媒体及网络出版技术则成为另一个重要的基础设施。加上现在多媒体软件的丰富多样，如 Acrobat Reader, Java, Flash 以及 WWW 等技术，让我们可以展示多样的内容和格式。

（3）信息的即时传播基础架构。

虽然有了实体通讯网络及网络出版技术，但是也仍需要有讯息传送机信息传播的软件，让各种不同形式的内容能够在世界各地的网络中被浏览，才能让世界各地的网络用户彼此间可以相互传递信息、传播资讯给特定人士或者是所有想看的人，这其中包括 E-mail、FTP、Telnet、HTTP 及 Instant Messenger，人们只要在 URL 上打上"http：//"再加上想看的网址，就能随时地浏览这些网页。即时通讯从最多人使用的 MSN 到 Skype，再到 WeChat，都允许人们随时随地以一对一、一对多、多对多等方式进行实时聊天，交流的内容也从单纯的文字逐渐变得多样化，可以包含图片、语音和视频等。

### 3.2.3 相关的技术发展

（1）社群媒体。

网络社群所带来的无限商机，使得社群媒体的发展也是日益蓬勃，竞争也随之激烈起来。尤其近几年微博、贴吧、博客、微信和 QQ 的快速发展，还有现今十分热门的直播，都使得网络社群已经具有相当的规模。这些社群媒体普遍具有私信、分享、点赞、相册和日常签到等功能。有人的地方就有商机，很多企业纷纷在这些社群媒体建设公众号，都有很好的成效。如小米、唯品会，有很多用户在上面分享一些购物的经验和对产品的使用感受，由此也慢慢形成一种口碑。久而久之，关注的人逐渐多了之后也形成一个较大的社群，热门的社群应用都成为很好的广告平台，不仅是进行付费的广告活动，也利用各种社群营销策略，进行营销活动，如通过转发和评论公众号发布的文章进行抽奖，经过社群的互相转发，增加了营销成效。此外，也因为网络社群的影响力，目前很多的企业网页都有提供让用户可轻易分享到不同的社群网站的功能，增加了网页的能见度（见图 3-2）。

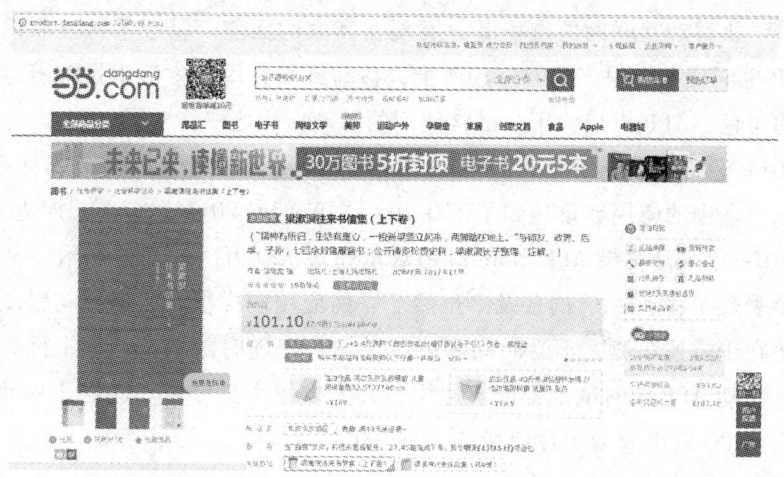

图 3-2　当当网上商城购书界面分享页面截图

（2）云计算。

云计算（cloud computing）指的是企业或者个人通过互联网获取运算能力或是应用程序，而非由自己投资购买硬件及软件来执行。不同于以往，软件不再是产品，而是一种服务，所有这些服务内容都放在网上的虚拟空间，让人们可以免费或者付费试用，因此称作云端。硬件厂商如 IBM 和 HP 等通过网络提供很强的运算能力和资料存储空间，而软件厂商如 Google，Microsoft，Amazon 等也通过网络提供很多的应用程序。以 Amazon 为例，Amazon 的 AWS，其中包括虚拟服务器、数据仓库、人工智能、物联网、游戏开发等几十个功能服务。随着云端运算技术的发展，云计算服务的提供使得企业以较低的成本、更方便、更快速地依自己的需求取得想要的服务，尤其是在变化快速的电子商务时代，这样的方式可能使得企业更能快速地适应外部的竞争环境。但是它同样也有安全顾虑，特别是有关竞争优势的科技运用，经过云计算取得服务可能导致失去竞争优势的风险。

（3）移动 APP。

随着第四代（4G）网络的到来，电子市场的飞速发展以及智能手机和其他移动终端的快速崛起，APP 呈爆发式增长。不可否认，移动 APP 已经能完成相当多原本 PC 应用的功能。加之智能手机和 PAD 在全球范围内的普及，越来越多的网民开始由传统的互联网上网方式向用移动终端设备上网转移。在快时代，方便才是人们需要的。更方便的移动终端，更扁平化的移动 APP，必定会给 PC 应用软件当头一棒。移动互联网越来越普及，这些骇人的数字再次将手机移动互联网的市场潜力展现在商家的面前。基于手机互联网的移动 APP 也同样拥有很广阔的市场前景，移动终端在用户生活中扮演着越来越重要的角色，APP 也成为用户最常使用的移动应用之一。

2014 年 6 月，应用分析和市场数据提供商 APP Annie 发布统计数据：Google Play 中的应用数量达到了 150 万，在 WWDC 2014 大会上，库克宣布，截至 2014 年 6 月苹果 APP Store 应用数量超过 120 万。前面这些数字从一定程度上表现了移动 APP 的普及。虽然互联网应用同样很多，但移动终端上网的优势在于方便快捷，不受时间和区域的影响，随时随地都可以上网，也就是说，移动 APP 随时随地都能够使用，大大方便了消费者。这也让移动 APP 逐渐取代 PC 应用成为用户消费的主要应用。

（4）人工智能。

人工智能（AI）是相对于人类的自然智能而言的，即用人工的方法和技术，对人类的自然智能进行模仿、扩展及应用，让机器具有人类的思维能力。它是研究、开发用于模拟、延伸和扩展人的智能的理论、方法、技术及应用系统的一门新的技术科学。而近年来伴随着人工智能的发展，人工智能也开始逐渐应用到电子商务中来，利用人工智能可实现电商导购智能化和去中介化。电商导购智能化对未来用户选购商品、比价等操作都有指导性的意义。专业的人工智能导购机器人将会成为未来电子商务的一种趋势，未来购物将更趋向智能化、快捷化。人工智能指导下的购物也能更好地避免真假、吃亏上当这些问题，让用户更放心地购买。

（5）大数据分析。

现如今的网络世界中每天的信息流量无法估计，所有在网络上发生的动作，都会留下痕迹，这些痕迹也就是所谓的大数据（big data）。大数据创新了商务智能，极大地提升智能化服务水平。大数据商务智能应用，是通过数据集中整合、挖掘分析、展示应用，为客户提供智能化、个性化服务。通过数据集中整合，汇聚内外部数据资源，尤其是客户数据，为数据应用建立基础。通过挖掘分析，运用数量模型分析方法，发现数据背后的规律，发掘市场机遇和客户需求。通过展示应用，直观显示分析结果，推进智能营销，向目标客户提供针对性产品，实现智能服务。电子商务服务创新就是大数据商业智能应用的成功案例。电子商务企业可以通过收集分析顾客的消费数据，以及顾客在博客、论坛、社交网络和微博上文字记载的消费体验等信息，了解客户的消费偏好，进行个性化设计，并向客户主动推送针对性商品和服务。

### 3.2.4 电子商务安全

（1）电子商务安全。

随着电子商务的快速发展，存在的许多问题也开始暴露出来，其中安全问题已经是现在电子商务首要考虑和解决的问题。电子商务安全包括计算机系统安全、数据安全、网络安全和应用安全。

①计算机系统安全：计算机是电子商务中必不可少的硬件设备之一，硬件设备难免出现故障，一旦出现，将会影响电子商务系统的运行，造成巨大的损失。计算机系统安全主要是考虑提高用于电子商务系统的计算机及硬件可靠性和稳定性。

②数据安全：在网络上进行数据传输时，可能会受到各种各样的攻击，

如数据截获、数据篡改和数据破坏。因此，数据安全主要是考虑防止数据被截获或截获后的防破译、防恶意篡改和防破坏。

③网络安全：网络是用户进行数据交换、信息传递的主要途径。通过网络，用户可以访问网络中不同的计算机系统。网络安全主要是考虑限制用户对于电子商务系统的访问权限，防止未授权的用户访问及越权访问。

④应用安全：在网络环境下，计算机病毒猖獗，如果不加防范很容易导致应用软件被病毒感染，程序被非法入侵和破坏，系统的功能受到限制。更严重的是导致系统不能正常工作，数据和信息丢失。应用安全应该着重考虑防止各种病毒的非法入侵和破坏。

（2）电子商务安全技术。

电子商务安全需要确立综合防范的思路，从技术、管理、法律等方面综合思考，才能够建立一个完整的网络交易安全体系。其中包括基础设备安全、终端设备安全、网络设备安全、系统设备安全，采用安全技术实现基础或终端设备与网络系统的交互。一般地，基础安全设备包括加密卡、身份识别卡等；终端安全设备包括传真密码机等；系统安全设备包括安全服务器、金融加密机等；网络安全设备包括安全路由器、防火墙以及安全协议等。安全技术主要有身份认证技术、访问控制技术、加密技术、智能卡技术、虚拟专用网络技术以及PKI技术等。现在的安全技术众多，而在电子商务中常用的有网络隔离、数据加密、身份认证、SSL协议和SET协议等技术。

①网络隔离。根据功能、保密和安全要求的不同将网络进行分段隔离，细化安全控制体系，将攻击和入侵造成的威胁分别限制在较小的子网内，从而提高网络整体的安全水平。路由器、虚拟局域网和防火墙主要采用的就是这种手段。

②数据加密技术和数字签名。数据加密技术是通过加密算法和加密密钥将数据转化为密文，进行加密后只能通过解密算法和解密密钥才能恢复，这种技术能有效防止数据的泄露，实现数据隐蔽，从而起到保护数据的安全的作用。通常和防火墙配合使用，以达到高安全性和高保密性。

数字签名则是通过公共密钥加密技术，在数据中形成一个加密值，发送到接收方之后，再利用发送方的公钥对其中的数字签名也就是加密值进行解密，以此确认数据是否来自发送方。这种方法可以确定数据是来自发送方而且没有进行过修改。

③SSL协议和SET协议。SSL协议是Netscape公司在网络传输层之上提

供的一种基于 RSA 和加密密钥的用于浏览器和 Web 服务器之间的安全连接技术。它在应用层收发数据前，协商加密算法、连接密钥并认证通信双方，从而为应用层提供了安全的传输通道；在该通道上可透明加载任何高层应用协议以保证应用层数据传输的安全性。

SET 协议是目前唯一保证信用卡信息能安全可靠地通过互联网传输的新协议。它为在 Internet 上进行安全的电子商务活动提供了一个开放的标准，为 Internet 上支付交易提供高层的安全和反欺诈保证。SET 协议为基于信用卡进行电子交易的应用提供了安全措施，保证了电子交易的机密性、数据完整性、身份的合法性和抗否认性。SET 是专门为电子商务而设计的协议，它在很多方面优于 SSL 协议，但也存在不能解决电子商务所遇到的全部问题。

电子商务安全技术具有很强的敏感技术。在遇到来自方方面面新的威胁的同时，要看到其大幅度提高社会经济效率的主导作用，在注重安全的基础上大力发展电子商务。国内重点要努力在一些基础性、关键性技术上取得突破，不断提高安全保障能力，为电子商务发展创造良好的安全环境。

④电子商务安全问题。计算机和互联网的发展无疑带动了电子商务的发展，但同时其中的安全问题也逐渐暴露出来。各种诈骗、盗取的技术手段也是层出不穷，让人防不胜防，加上现在网络的快速发展，许多人的网络知识还处于空白，这也让这些犯罪行为有了可乘之机。

网络攻击、商业欺诈等违法犯罪行为是现在常见的电子商务安全问题之一。攻击者大部分是为了获取机密资料或者破坏网站，他们了利用病毒、木马程序以及其他的方式进行网络攻击。2014 年，国家发现的计算机病毒中有 80% 以上是以窃取信息等经济利益为目的的。企业和个人信息被窃取、资金被盗取、资金被窃取等都是近几年常见的安全问题。

同时，因为网络交易的虚拟性所引起的交易欺诈行为有恶化的趋势。有的不法商家利用电子商务的远距离交易的特点，出售低质低量的产品，甚至是假货，而买家也由于地域问题无法得到相应的赔偿。这种问题在国内已经不罕见。例如，在中国质量万里行促进会公布的 2015 年我国十大投诉热点中，网络欺诈已经成为继食品、汽车、家电等之后的第五大投诉热点。这说明，在我国网络市场中的欺诈行为已经相当严重，它会影响网民对网络产品的信任感并进而影响中国电子商务市场的健康发展。

因此，从目前发展情况来看，国内的电子商务安全问题亟待改善。除了加强基础的网络设施建设、保障网络交易的安全性、改善国内的用户环境外，还应该加强安全技术的研究和应用,及时修补漏洞,这样即便是不法分子也不能轻易进行犯罪。除了技术方面外,国家应该加强电子商务方面的相关法律法规的建设,完善原有的法律体系并进行必要的调整,还要根据发展的需要制定出新的法规。而关于诚信问题,要健全社会信用制度和管理体系,完善经济活动实名制,对信用体系形成强势约束力。电子商务的安全问题应该从多方面去解决、协调,这样才能促进我国电子商务的蓬勃发展。

## 3.3 结  论

本章概述了目前国情下我国电子商务环境因素,先是主要介绍了我国电子商务硬件的发展状况,让企业对建设电子商务有一定的了解。然后介绍了电子商务相关的网际网络,通过封包交换技术、TCP/IP协议和主从式运算三种网络运作的基本概念,点出目前电子商务在核心上区别于传统商务。接着再探讨电子商务发展的基础架构,让读者对电子商务架构有一定的了解。并且介绍了一些电子商务方面的发展趋势,给读者可以提供参考。最后则是目前电子商务的一些安全问题和可行的安全技术。

总而言之,虽然国内电子商务的发展还存在许多问题,但电子商务的总体发展环境已经趋于成熟。在未来,我们有理由相信电子商务在国内的发展会不断向前。

# 第4章 电子商务网站建立

## 4.1 电子商务网站建立策略

### 4.1.1 架设电子商务网站的目的

（1）通过网络的便利性提供一个新的经营模式：互联网（Internet）提供了无限虚拟与便利的能力，而这种能力有助于企业实现过去传统上无法达到的经营模式。

（2）可以用低成本的方式顺利创业：网络的特质之一就是低成本，因此架设电子商务网站能够让企业以低成本的方式顺利创业。

（3）作为企业产销与消费者间互动的另一种选择：网络提供另一种渠道，让企业有机会能避开传统的渠道，与目标消费者或潜在消费者互动。

（4）电子商务网站建设的目的一般可以分为开展B2B交易、开展B2C交易、开展拍卖业务、用于企业形象建设、拓展企业联系渠道、作为交易中间商、建立市场交易场所、开展中介服务、作为服务性网站、其他应用目的等。

### 4.1.2 架设电子商务网站的考虑因素

（1）电信基础建设，如电力供应、网络基础建设。
（2）组织能力，如公司内部的信息科技人力。
（3）人力资源，如公司是否信息技术职缺。
（4）软硬件设备，如公司是否设立主机房。

### 4.1.3 电子商务网站建立策略

步骤一，评估企业可以花在电子商务的人力和资本成本。

步骤二,选择合适的开店位置:
(1) 自行建立专属电子商务网站;
(2) 加入网络商城。
步骤三,选择要上架的商品。
步骤四,建立安全便利的金流机制。
步骤五,网站维护和营销。

## 4.2 电子商务网站规划

### 4.2.1 电子商务网站规划流程

电子商务网站规划流程如图 4-1 所示。

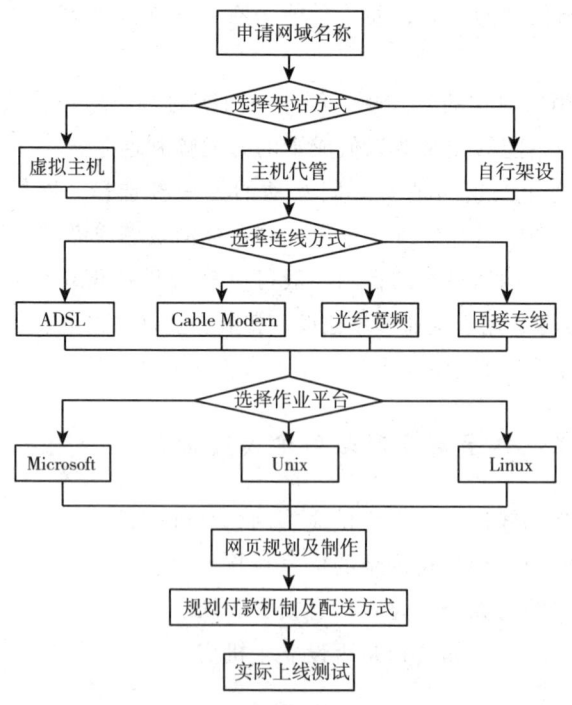

图 4-1 电子商务网站规划流程

## 4.2.2 选择架站方式

我们常见的架站方式主要可分为：

（1）虚拟主机，或称共享主机（shared web hosting），又称虚拟服务器，是一种在单一主机或主机群上，实现多网域服务的方法，可以执行多个网站或服务的技术。虚拟主机之间完全独立，并可由用户自行管理，虚拟并非指不存在，而是指空间是由实体的服务器延伸而来，其硬件系统可以是基于服务器群，或者基于单个服务器。

（2）主机托管，是 Internet 服务公司（ISP）提供的一种服务。其是指企业将自己公司的网站硬件设施交给 ISP 公司管理，由 ISP 业者负责保持网络畅通，企业本身只须负责数据维护与更新。由于不经过专线就能与高速局域网络相连，其提供信息速度可大幅提升。

（3）自行架设。自行找一台计算机，安装网页服务器软件，再接上网络与固定 IP，就能够当作网站服务器。

## 4.2.3 主机架设方式优缺点比较

（1）虚拟主机。

①优点：

A. 架设快速；

B. 成本低廉；

C. 降低投资风险；

D. 专业化计算机管理；

E. 计算机设备环境良好。

②缺点：

A. 自主性较低；

B. 商业资料有外流风险；

C. 与别人共有服务器与资源。

（2）主机托管。

①优点：

A. 系统自主性高；

B. 成本较低；

C. 降低硬件投资成本；

D. 专业化计算机管理；

E. 计算机设备环境良好。

②缺点：

管理上较麻烦。

（3）自行架设。

①优点：

A. 完全自主；

B. 易于管理与维护；

C. 与目标契合。

②缺点：

A. 成本与风险较高；

B. 需有专业人员管理与维护；

C. 需自有良好的计算机环境。

### 4.2.4 选择联机方式

常见的联机方式主要可分为：

（1）固接专线。

（2）ADSL 宽带。

（3）Cable 宽带。

（4）光纤宽带。

### 4.2.5 选择作业平台

（1）目前网站常用的操作系统常见的有三种：Windows（NT，2000，2003，Vista，Win7，Win8，Win10）、Linux、UNIX。

（2）前两种可架设在一般个人计算机上，而 UNIX 则架在高性能的专业主机上。

### 4.2.6 网页设计的步骤

（1）在创设一个网站时，建议遵守一些基本的步骤，以减少有可能遇到的"瓶颈"。

(2) 建议网页设计的步骤如下：
①确认目标；
②确认目标顾客群；
③确认可行性；
④分析并设计网站；
⑤创作网页内容。

### 4.2.7 网站申请建立流程

(1) 确立网站定位；
(2) 拟定网站架构；
(3) 搜集制作网页相关资料；
(4) 规划网页内容；
(5) 网页制作；
(6) 程序编写；
(7) 上网测试、修正检测；
(8) 网站推广、登录搜索网站；
(9) 维护更新。

## 4.3 电子商务网站建立软硬件工具的选择

### 4.3.1 电子商务网站的系统规划

(1) 全球信息网（WWW）的架构一般可分为服务器与客户端。
(2) 电子商务之信息系统规划主要包含：
①软件规划；
②硬件规划；
③系统功能规划。

### 4.3.2 电子商务网站的软件选择

(1) 所谓"电子商务网站系统架构"是指信息系统中软件、机器和工作的安排，以实现特定的功能。

（2）构成一套电子商务系统的主要组件包括：

①网站客户端——浏览器；

②网站服务器软件；

③商务服务器软件；

④连结工具；

⑤各种后端系统；

⑥防火墙。

### 4.3.3 网站服务器的选择

（1）网站服务器是一种提供网站服务的主机，网站服务器软件可适用于任何一种操作系统上，而网站应用服务器是专门做电子商务所需求的各种事务处理专门软件。

（2）网站服务器可提供的基本功能：

①网页服务器；

②FTP 服务器；

③邮件服务器；

④数据库服务器；

⑤网站管理工具。

（3）通常架设一个电子商务网站必定要具备如下网站软件：

①网页服务器；

②数据库服务器。

### 4.3.4 网页服务器软件

（1）网页服务器系架设电子商务网站时，用以响应使用者对网页请求的网站软件。

（2）目前市场上主要的网站服务器软件有：

①Microsoft Internet Information Services（IIS）：IIS 容易使用但却不比 Apache 稳定。

②Apache：目前全球使用量最多也最稳定的系统。

③Oracle Web Application Server。

## 4.3.5 数据库服务器软件

（1）电子商务网站必须能从现有的公司数据库中读取或加入数据，而数据库服务器提供了后端数据的储存空间。

（2）目前常见电子商务后端数据库软件如下：

①Oracle；

②Sybase；

③Microsoft SQL Server 2008；

④MySQL。

## 4.3.6 选择电子商务网站硬件

通常架设一个电子商务网站必定要具备如下硬设备：

（1）网站服务器主机；

（2）数据机或固接式网络。

## 4.3.7 网站服务器主机的功能

（1）Web、FTP、Mail 服务器软件，完全自行掌控。

（2）计算机存放自己公司，自行管理，无机密外泄的顾虑。

（3）无须再花钱租用网页空间，只要硬盘够大，想用多少空间都可以。

（4）拥有自己的信箱服务器，自己管控或增减员工的电子信箱，并使用自己的域名信箱。

（5）软件功能强大但操作简单，网页设计容易上手，一般的行政人员皆可处理，不需要再增加网页管理人员。

（6）完全采用 Web 管理，无论身处何方，只要在可以连上 Internet 的地方，就可以修改网页、放上新产品或实时展示产品图片、规格或售价。

## 4.3.8 选择电子商务网站硬件时需要考虑的因素

（1）选择电子商务网站硬件时需要考虑的因素：

①存储器容量；

②网站速度；

③系统效能；

④扩充性。

（2）尤其当网站中提供下列服务会需求较多的数据处理能力，此时就得考虑硬件功能的提升，如下：

①在线填写窗体；

②在线数据搜索；

③下载大型多媒体影音文件；

④以在线购物车记录订单。

（3）影响网站速度最重要因素，就是客户对网站的需求量，以下是估计客户对网站需求量的考虑因素：

①提供内容的类型；

②网站的带宽；

③访问者数量：网站随着访问者人数的增加，并不会降低系统功能。

## 4.4 电子商务网站的系统开发工具

### 4.4.1 超文本标记语言（HTML）

HTML（Hypertext Markup Language）是一种超文本标记语言，它是由W3C（World Wide Web Consortium）所制定及更新的，文件通过这种格式可以在Internet上传送浏览，使用者只要使用浏览器就可以访问这些文件，比较常用的工具包括Microsoft Internet Explorer及Netscape communicator等。

### 4.4.2 DHTML

DHTML（Dynamic Hyper Text Markup Language）是由微软（Microsoft）所提出的HTML加强版，主要是由扩充Internet Explorer的对象并搭配VBScript或JavaScript所组成，与HTML不同的地方在于DHTML上的每个卷标都会被当成对象（object），都有自己的ID，并且各自赋予属性以供VBScript或JavaScript在执行阶段控制这些对象。

### 4.4.3 CGI

CGI（Common Gateway Interface）是一种共同的网关接口，它可以称为一种机制。因此可以使用各种不同的程序语言编写适合的 CGI 程序，这些程序语言包括 Visual Basic、Delphi 或 C/C++等，使用者将已经写好的程序语言放在网页服务器的计算机上执行，再将其执行结果通过网页服务器传输到客户端的网页浏览器。这样的写作方式事实上是比较困难而且没有效率的，因为使用者每次修改程序都必须重新将 CGI 程序编译成执行文件。

### 4.4.4 Java

Java 是由升阳公司（Sun Micorsystems, Inc.）在 1991 年开发出来的程序语言。它的特点是内建支持网络通讯及图形接口。除此之外，它采取虚拟平台（Java Virtual Machine, JVM）的架构，所以程序可以在不同的平台下执行。由于这些特点 Java 被新一代设计者所采用。

### 4.4.5 VBScript、JavaScript

所谓的 Script（文稿）是泛指不须经过编译（compiling）连结（linking）等程序，是直接经由解释器（interpreter）翻译执行的简易的程序语言。目前在网页编写程序上比较流行的 Script 语言包括 VBScript 与 JavaScript。

### 4.4.6 ASP、JSP、PHP

电子商务网站的网页必须动态地呈现信息，而 CGI、VBScript、JavaScript、ASP、JSP、PHP 等都是动态网页的产生工具。网站可以利用 cookies 功能动态记录用户使用情况，达到网络内容个人化功能。Flash 及 JavaScript 等工具可以让电子商务网站更具多媒体效果，以满足电子商务网站丰富化的特性。至于 ActiveX 是微软（Microsoft）开发来与 Java Applet 竞争用的互动技术。

### 4.4.7 ASP.NET

当微软推出 Windows 2003 时，同时也推出 .Net Framework 平台，连带促使 ASP 进化至 ASP.NET。但 ASP.NET 与 ASP 不同，其可使用 C#、VB.NET、JavaScript.NET 几种语言来编写。为了与 ASP 区别，一般习惯将 ASP.Net 网页的扩展名取名为 .aspx。

### 4.4.8 XML

（1）由于 Internet 的盛行，HTML 成为相当流行的标准。HTML 虽然在呈现文件内容方面有相当不错的效果，但是却非常不利于机器之间的互相交流、传递信息。

（2）HTML 对于文件的 layout 和外观具有不错的表现，但却缺乏对内容的表达能力。

（3）XML（extensible markup language）可以称为可扩展标示语言，其制定的主要目的在于希望能在互联网上传送资料，而传送的资料所注重的是文件的结构性。

### 4.4.9 智能型代理程序

（1）代理程序可视为一个独立的模块或程序，具有智能且有条理地代理执行用户所赋予的任务，并与外在环境互动以修正本身的行为，最终达到用户的目标。

（2）智能型代理程序（intelligent agent）可定义为："一个可以为使用者自动执行交付之任务的计算机软件"。

（3）在智能型代理程序的应用上，我们可以依据其作业的环境，将之分类为桌上型代理程序、网际网络代理程序、企业网络代理程序。

①桌上型代理程序（desktop agents）。

A. 操作系统代理程序：协助用户使用操作系统的接口代理程序（interface agents）。

B. 应用程序代理程序：协助用户使用某特定应用程序的接口代理程序。
②网际网络代理程序（internet agents）。
③企业网络代理程序（intranet agents）。

### 4.4.10　行动代理程序

（1）所谓行动代理程序（mobile agent）是一种可在异质的网络环境下，从一台机器迁移到其他机器的程序，行动代理程序最主要的特性就是移动性。

（2）代理程序是一个软件应用程序，具有能自我控制的自主性（autonomy），其与传统程序最大的区别，在于多了智能与自主性，可以帮助使用者应付更多事件、处理更多的事务。

（3）若以代理程序的移动性来分类，基本上可分为两类：
①可移动代理程序；
②不可移动代理程序。
（4）行动代理程序的特性。
①自主性；
②移动性；
③沟通能力；
④半自动性的；
⑤可信赖的；
⑥可预期的；
⑦合作；
⑧弹性；
⑨有适应性。
（5）行动代理程序的优点。
①可减低网路的负载；
②克服网路的延迟；
③封装协定；
④可异步地和自主地执行；
⑤适应性强；
⑥强固性高及容错性高。

（6）行动代理程序所面临的挑战。

①通透性：代理人程序如何跨越主机在远程执行？

②安全性：个人资料是否能被保密以及如何防止代理程序携带病毒？

③可信性：如何能相信代理程序所代表的身份及其所说明的目的不是入侵者或者另有目的？

④效率与可靠性：如果网络上有数以千万计的行动代理程序，那如何维持网络的效能？代理程序也可能导致系统的宕机。

## 4.5 电子商务网站功能设计

### 4.5.1 电子商务网站的系统开发

电子商务网站规划可以遵循系统开发周期方法，其可分为如下步骤：

（1）系统分析。

可考虑系统维护方便性，采用何种系统环境开发，以及网站功能的规划。

（2）系统设计。

依据系统分析的规划，针对网站内容配置，进行系统设计，包含输入端、后台资料更新、订单维护及物流管控等功能设计。

（3）系统测试。

系统设计并开发完成后，须进行系统测试，测试范围有功能测试、压力测试，避免系统上线后，因网络流量太大导致系统宕机。

（4）建立与维护。

网站上线经过测试后可转至正式营运环境，并随时保持网站正常运作。

### 4.5.2 企业观点的电子商务网站功能

（1）店面设计；

（2）商品陈列；

（3）完整的销售流程；

（4）在线后端管理与维护。

### 4.5.3 顾客界面的 7C 架构

(1) 基模（Context）——网站的设计与摆设。
(2) 内容（Content）——文字、图、声音与影像。
(3) 社群（Community）——促进使用者对使用者沟通方式。
(4) 客制化（Customization）——为不同使用者订做。
(5) 沟通（Communication）——使用者与网站双向沟通。
(6) 连结（Connection）——网站与其他网站连结的程度。
(7) 商务（Commerce）——促进商业交易的能力。

### 4.5.4 免费电子商架站软件 osCommerce 的功能

(1) osCommerce 是目前全球使用量最大的免费电子商务架站软件（见图 4-2）。

图 4-2　osCommerce 网站截图

资料来源：osCommerece 网站（https：//www.oscommerce.com/）。

(2) osCommerce 的功能主要可分为前台与后台：

①前台功能包括：加入会员、会员登入、会员注销、会员可修改个人基本资料与变更密码、会员购物/非会员购物、商品搜寻、制造商搜寻、商品评论、订阅电子报、推荐商品给亲友、支持 SSL 安全机制、可显示每一商品的商品数量与价格。

②后台功能包括：可查询/新增/修改/删除"商品分类""商品品项""制造商""会员管理""订单处理"；发送电子邮件或电子报、付款方式设定、出货方式设定、税率设定；各类报表"商品浏览排行榜""商品销售排行榜""会员购物排行榜"；系统工具"资料库备份/还原""广告管理""档案总管""寄电子报""主机信息""在线会员"。

## 4.6 电子商务网站的评估

### 4.6.1 市场可行性评估

（1）商品特性。

新产品开发可行性分析报告是新产品开发中关键的一步，是企业在开发新产品之前，根据企业实际情况，并充分结合市场环境，具体分析新产品开发方案在实践中的可行性、可操作性以及所能达到的效果和具体实施步骤的书面报告。

（2）市场特性。

①分析市场发展历史与发展趋势，说明本产品处于市场的哪个发展阶段。

②本产品和同类产品的价格分析。

③统计当前市场的总额、竞争对手所占的份额，分析本产品能占多少份额。

④产品消费群体特征、消费方式以及影响市场的因素分析。

（3）竞争状况。

竞争对手的市场状况、研发、销售、资金、品牌等方面的分析，自己的市场状况、研发、销售、资金、品牌等方面的分析。

### 4.6.2 技术可行性评估

由于厂商必须能够掌握网络科技与网站管理相关技术，才能有效进行电子商务网站的建立、营运与维护工作，因此，企业在进入电子商务市场前，应先了解本身的技术能力是否足够。

### 4.6.3 财务可行性评估

健全的财务规划与可行性评估是企业建立电子商务网站成功关键因素之一，除必须估算"所需投入的资金"与"可能的风险"外，也需要妥善思考营运资金。

### 4.6.4 人力资源可行性评估

（1）人事制度。
（2）工作分析。
（3）团队合作能力。

### 4.6.5 经营绩效评估

厂商经营电子商务网站一段时间之后，必须对其经营绩效加以评估，目的在于检验经营绩效是否达到其预期目标。

## 4.7 结　　论

通过前面对电子商务网站建立的介绍，相信已对商务网站的具体设计有了一个基本的认识，虽然现在网站及网页可以外包，但对有意从事电子商务事业仍须了解网站设计，下面再对电子商务网站的设计理念进行一下总结。

（1）整体布局应该结构清晰，尽量简化操作。

一般来讲，好的网站应该给人以这样的感觉：干净整洁、条理清楚、制作专业、引人入胜。网页应该力求抓住浏览者的眼球，过多的闪烁、色彩、下拉菜单框、图片等会让访问者无所适从，在页面中尽量使用一些醒目的标题或文字来突出公司的产品和服务，让客户很快清楚公司在卖什么，清楚自己如何受益。若网页是多页数的，那么网站管理人员应做一个流程图，使客户容易在网页上浏览。切记如果用户不能迅速地进入企业网站或操作不便捷，网站设计就是失败的，用户就会转向竞争对手的网站。

（2）提供有价值的信息。

无论商业站点还是其他类型的站点，必须给人们提供有一定价值的内容才能留住访问者，所以网站必须提供有价值的东西。当然，这并不是说必须提供某些免费的物品——免费书籍、免费入场券等，这些"有价值的东西"可以是信息、娱乐、帮助信息、页面链接等。

找出最受欢迎的企业产品作为网页的招牌。中小企业的管理人员要深思，写出自己企业与众不同的卖点，否则企业的竞争力和访问量会日渐减少。

（3）保持网页能快速下载。

下载页面的时间太长会引起访问者的反感。页面下载速度是网站能否留住访问者的关键因素。网站首页就像一个广告牌，广告标志从浏览者眼前一闪而过，必须在一瞬间给人留下印象。所以应确保主页速度尽可能快，最好不要用大的图片，放弃显著减慢主页速度的数据。

（4）很强的文字可读性。

许多网站的设计者使用了动态的 GIF 图片和 Flash 动画，以使网站上的图形或文字产生动态效果。这不仅仅会增加网页下载时间，更会分散用户对网站其他信息的注意力。由于浏览 Internet 的大多是一些寻找信息的人，因此，要确定网站为他们提供的是有价值的内容，而不是过度的装饰。

文字的颜色也很重要，不同的浏览器有不同的显示效果，有些在一种浏览器上很漂亮的颜色在其他浏览器上可能无法显示。版式可参考报纸的编排方式，为方便快速阅读，可将网站的内容分栏设计，甚至双栏也比一满页的视觉效果要好。

此外，字体的选择也是提高文字可读性的一个重要因素。通用的字体最易阅读，特殊字体用于标题效果较好，但不适合正文。

（5）良好的标题设计。

为使网页易于阅读，除了分栏之外（将页面纵向分割），也需要利用标题和副标题将文档分段。

为所有标题和副标题设置同一字体，并将标题字号加大一号，所有标题和副标题都采用粗体，这样便于识别，使浏览者一眼就可以看到。标题的重要性不言自明，要认真编好每一个标题，也可以将整条标题采用粗体或以不同的颜色突出某些内容，不过不要使用不便于阅读的颜色。

（6）良好的版式设计。

图形和版面设计关系到对主页的第一印象，图像应集中反映主页所期望传达的主要信息。如果是系列商业站点，你不必让过分显眼的动画出现在首页；但如果你的网站是游戏站点，动画将是必不可少的一部分内容。

图片是影响网页下载速度的重要因素。根据经验，把每页的全部内容控制在30KB左右可以保证比较理想的下载时间。图像在6KB~8KB之间为宜，每增加2KB大概会延长1秒钟的下载时间。

颜色也是影响网页的重要因素，不同的颜色给人以不同的感觉。根据自身希望对浏览者产生的影响来为网页选择合适的颜色。

通常阅读时眼睛从左上方开始，逐行浏览到达右下方，插入图像时不要忘记这种特性。任何具有方向性的图片应该放置在网页中对视觉最重要的地方，如果在左上角放置一幅小鸟的图片，鸟嘴应该放在把浏览者目光引向页面中部的地方，而不是把视线引走。这种思路可以适用于所有图片：面部应该"看"网页的中部，汽车的停靠面向网页中部，道路、领带等图片的放置都应该有助于目光从左到右、从上到下地移动。一般总是把网站导航栏放置在页面左边，也是出于这种考虑。

（7）导航明确，导向清晰。

使用超文本链接或图片链接，使人们能够在你的网站上自由前进或后退，而不要让他们使用浏览器上的前进或后退。记住，在所有图片上使用 AL,T 标识符注明图片名称或解释，以便那些不愿意自动加载图片的用户能够了解图片的含义。

由于人们习惯于从左到右、从上到下阅读，因此主要的导航条应放在页面左边。对于较长的页面来说，在最底部设置一个简单导航也很有必要（只要两项即可：主页和页面顶部）。确定一种满意的模式之后，最好将这种模式应用到同一网站的每个页面，这样浏览者就知道如何寻找信息了。

（8）保护个人信息声明和客户推荐信。

对于商业网站来说，最重要的事情之一是确保潜在客户的信心。你应该明确地告诉人们，如何对其兴趣、爱好，尤其是对个人隐私保密，很有必要专门用一个页面详细陈述你的保护个人信息声明，包括对访问者的 E-mail 地址保密、如何接受订单、如何汇总信息、汇总这些信息的目的、谁可以看到这些信息等基本内容。

访问者也想知道你的产品和服务以及现有客户的反映，所以如果能引用与你关系融洽的客户对你的积极评价，对你的可信度将有很大帮助。不要害怕向顾客索取推荐信，因为人们都希望自己的意见有价值。

可以把客户的推荐信另外设计成网页，并在网页上制作到客户网站的链接，作为对客户提供推荐信的回报，这也是一种"双赢"的策略。

（9）加强与准客户及现有客户的关系。

要做到网页可以跟随客户自动更改，即甲与乙浏览的屏幕数据会有部分不同，特别是对已有的客户，因为网页已有此客户的资料，故此客户参看网页时，网页自动抽出此客户想要的数据，使此客户看到网页时觉得该网页是特别为他设计的，推销的成功概率也因此大增。

（10）方便的反馈及订购程序。

这是一个通常被网站设计者忽略的问题。让客户明确企业所能提供的产品和服务，并让他们非常方便地订购，是企业网站获得成功的重要因素。如果客户在企业网站上产生了购买产品或服务的欲望，企业是否能够让他们尽快实现？是在线还是脱机？经验告诉我们，很少有客户看过网页便下订单，往往是询问详细资料、报价，然后从此消失，这是现在中小企业经常遇到的问题。其实电子商务只是一种渠道，传统的销售部门并不会被替代。因此，我们的策略便是吸引准客户与我们联系，使销售部门有机会大显身手。有不少中小企业的网页，在数据填写方面花费太多的时间，所以应事先把数据安装好，浏览者大部分时间只进行点击，这样可简化手续，激发客户的购买欲望。

# 第5章 电子商店的规划与评估

## 5.1 概 念

在目前的电子商务中,仅设置一个电子商店只能代表企业在网络中的一个店面,并不能保证有充足的客户。任何电子商店的成功,都要事先有完整的考虑和规划。电子商店的经营涉及网络人员的普及率、目标客群、主要业务、相关技术、市场分析、系统开发和维护以及其他细节的经营考虑等,每一部分都环环相扣。现在电子商务的发展已经度过了泡沫时代,逐渐成为一个蓬勃发展的行业,许多相应的机制都已经日趋成熟,因此是否设置电子商店几乎已经不再是企业决策的重点,更多的是思考建设创新实用的电子商店以及其建设与维护。

由于电子商务的大环境已经日趋成熟,设置电子商店的主要考虑还是回归到最根本的运营模式和建立目的,其中包含预定目标客户、主要业务、资源需求、相关开发技术和工具、开发周期和经营管理策略等,如果有传统商店的存在,那么就需要考虑虚实店面的搭配。就算没有实体店的存在,纯电子商店也要考虑和实体的配合策略,包括产品包装、物流配送及库存管理等。在开发电子商店前应该先根据规划,进行系统需求分析和系统架构的设计,这样才能根据其实际可操作性、技术可行性及开发周期,决定是自行开发或者是外包。而电子商店建设好之后的试运行和维护也是十分重要的。

## 5.2 电子商店的规划要素

电子商店的设置成功与否,在规划之初,首先必须考虑网络人数统计、技术发展等多项大环境因素；此外，应该考虑整个产业竞争态势，诸如产品及服务特性、同业竞争者做法、上下游供应链的关系、开发技术可行性等。因此，一个完整的电子商店规划应包含对这些因素的评估。

开设电子商店的目的，并不是完全取代传统实体商店，而是在于利用网络沟通的便利性，提供一个新的经营模式，以作为企业营销的另一种选择。企业在运用网络建立电子商店作为销售工具时，应该进行事先分析。

### 5.2.1 设定运营目标

首先当然是要确定网站的定位点，目标是建立何种类型的电子商务网站，这个应该根据企业的经营模式进行合理的规划。确定网站的起始目标后，接下来就是设计与规划。运营初期应以拓展道路及增加知名度、建立口碑为目标，并且要有心理准备，投入成本在短期内是无法收回的。所以开店初期的运营目标不要定得太高。应根据对大环境、产业特有环境和企业本身的优劣等的评估，设定建设电子商店的目标。

### 5.2.2 目标客群

顾客不再局限于某一特定群体，而可以针对根据顾客群体进行细分。我们可以依据商店的经营目标来确定适当的目标顾客群体，也可以根据前面的大环境、产业特有环境等的评估结果，先选定目标顾客再订目标，特别是新成立的虚拟商店更是如此。就像前面所提到的，确定目标顾客必须先了解顾客的特点，如年龄、性别、教育程度、爱好等。与传统商店运营流程一样，电子商店在设立前也要对潜在客户开发、目标顾客选定、顾客筛选、顾客需求分析、购买程序、产品销售方式、营销活动、顾客意见处理、商品配送及售后服务等因素加以考虑，锁定主要的客户年龄层，针对消费能力较高的年龄层消费者设计出适当的服务。了解目前国内上网人群，设计合适的 UI 界面。

### 5.2.3 主要业务

运营目标和目标客群都是规划电子商店业务内容的主要依据。针对建设电子商店不同的目的与目标客群，相应的也会有不同的业务内容和功能规划，以下是电子商店网站的核心业务功能，作为电子商店网站规划与设计的参考。

#### 5.2.3.1 线上交易功能

（1）提供电子目录。

搜索产品常常是购物的第一步，不同于实体商店，消费者可以亲自看到各个货架上的商品来挑选，在线平台是一个超链接的展示平台，如果没有很好的搜索功能，消费者很难找到想要的产品，也就不易进入交易阶段。有别于传统目录，电子目录允许消费者用关键词或类别搜寻，如同前面有关目标顾客的讨论所述，除了价格、关键词或类别搜寻外，甚至可以依族群搜寻，亦可以依着消费者评论分数来搜寻。例如，携程的旅馆搜寻，可让消费者按照地点、距离、日期或住房人数等搜寻后，还可以依您想要去的景点之距离远近、价格、旅馆等级及房客评分来进一步排序。此外，电子目录如果能直接连接上游供货商的目录，就可随时保持最新的产品内容信息，但这得考虑哪些是从上游供货商链接而来，哪些是电子商店自己需要设定的内容，如产品基本信息可以直接链接到供货商的产品数据库，但促销模式及价格等则得由电子商店自行设定。最普遍见到的就是数字内容产品，如书籍或音乐等，都可以直接链接到出版社或是发行者的目录。

（2）提供线上订购与付款功能。

要让消费者进行线上交易，就必须有完整的订购及付款功能，若有信息不完整，可能就会让消费者放弃网上购物。完整的订购信息必须包含订购人、产品名称、价格、规格、数量、寄送方式与运费计算、寄送地址与收件人、付款方式、发票处理等，而在付款功能部分，应提供顾客多样化的选择，包含在线付款（银行卡转账，信用卡付款）、货到付款、到特定地点（如菜鸟包裹）付款取货等。在线付款功能部分，必须仔细规划应有的安全及认证措施，才能让消费者放心付款，若是数字化产品，则普遍地通过在线直接递送产品，但需考虑用户认证及使用限制之问题，以软件产品为例，常会给予一个序号，供安装时使用，并用来限制可以安装的计算机数量。

#### 5.2.3.2 顾客关系管理机制

顾客是企业的活血源头，任何企业的销售都是来自源源不断的顾客，因此，提升顾客忠诚度是任何企业提升销售的最大利器，忠诚度的建立来自顾客的满意度。了解并提供顾客想要的产品及服务,完善的服务流程是建立顾客忠诚度的基本原则。消费者上网时,电子商店应该能够发挥传统店员的功能,尽可能给予客制化的接待方式,也就是能够揣摩消费者的特质、需求及喜好,提供恰到好处的讯息与服务。大致有几个规划方向:会员机制、动态营销机制及建立完善的服务流程。

(1) 会员机制。

在传统的消费形态里,会员制是许多企业为了提高顾客忠诚度所采取的具体营销手法,也是关系营销的重要工具,消费者成为会员后,可享有价格折扣、会员专属的服务和其他利益,而企业借着会员制,可取得顾客的基本数据,因而可据以提供更符合消费者需求的产品与服务,更重要的是可主动寄发各项销售信息,增加消费者再度光临的机会,会员制也常采取累计消费等促销活动,以刺激消费者为达特定累计金额而经常光临,借此建立忠诚度。

在互联网中,网站的成长速度几乎是以等比级数的方式成长,网络商店必须要与顾客建立更贴心的服务,才能提高顾客的忠诚度,光顾过的消费者再度光顾,并且是常常光顾。因此,相较于传统商店,网络商店更应借由会员制来吸引消费者常常光临。相对于传统商店,网络商店不仅可凭会员制获取顾客基本数据,记录顾客的交易内容,还可以记录其站上浏览行为。

同时经由智能型系统的运作,不仅能提供更多顾客化的服务,使服务质量保持稳定,也为营销活动的效果追踪建立一个绝佳的环境。因此,网络商店在拟订营销策略时,可善用在线会员制,有效地执行一对一营销,做到真正的顾客化营销,因而建立顾客忠诚度。

(2) 动态营销机制。

依照 AIDA 模式,要让消费者真正进入交易阶段,并完成订购与付款,除了很完整的订购及付款功能外,还必须让消费者认识产品、产生兴趣进而引发购买动机。所谓的动态营销指的是系统可以依着不同的消费者特质、不同的时间点及不同的购物需求等,智能地提供更能吸引消费者的营销内容给予消费者,就如同一位店员在传统店面接待客人,其可能根据消费者选取的产品,给予满额优惠或是搭配某产品可享更多折扣等讯息,也可能根据消费者选购的产品,告诉消费者相关或类似的产品,或是其他消费者也常买的类似产品。

这些都根据消费者在网络上的行为而给予不同的互动模式，意即网页不是静态而是动态地展示，希望能够抓住消费者的需求并引发他们的兴趣，动态营销模式搭配会员机制，不仅可以根据消费者当下的浏览行为，亦可根据消费者过去的消费习惯或是会员基本数据，预测消费者可能会有兴趣的产品，得以在消费者上线时，立即根据不同顾客特质显示不同产品，以吸引消费者的目光与兴趣，通过内容的说明及促销方式，让消费者动心起念想要购买，此刻若能立即链接方便的订购功能及付款功能，就能一次到位，让消费者认识产品，产生兴趣，产生购买欲望并立即订购。

（3）建立完善的服务流程。

除了通过会员机制充分掌握会员信息进而了解顾客，并给予客制化的互动方式之外，对于任何顾客如何提供完善的服务流程也是很重要的考虑，这既包含基本的购物流程，也包含任何疑难杂症，如订单跟踪、退换货、订单取消或修改等，电子商店不仅可从消费者上线浏览及购物的行为习性等分析了解顾客，亦可通过留言板内容及问题解决要求等了解顾客常常遇到的问题，主动改善服务流程。这当中特别值得注意的是如何做到较好的虚实整合，而不是一味地希望借由网站取代传统的互动模式来解决所有与顾客有关的问题。

#### 5.2.3.3 虚实结合

不论是否有实体商店的存在，电子商店都面临虚实整合的问题，除了数字化产品可以经由网络递送商品外，其余的商品都面临产品配送、售后服务与维修及退换货等，在设计电子商店时，都得将这些与实体商店或作业配合的业务流程审慎规划，更特殊的例子如GROUPON，其涉及GROUPON与实体店家的合作关系，共同来提供服务或贩卖产品给消费者，所以更容易产生不一致的服务内容与质量，而附带地影响到GROUPON及店家的生意，因此，在规划电子商店时，更须注意各种承诺，同时也须确保合作的实体店家的服务能够符合这些在线的承诺。

### 5.2.4 市场分析

除了为了加强顾客关系管理机制，而进行的资料收集与分析外，企业应该可以规划如何利用网站收集资料进行分析，以便提供更积极与创新的服务流程或开发新产品。有关数据的收集,可分为特定时间与非特定时间方式及特定事件与非特定事件,特定时间是指事件型、临时性的研究,如针对母亲节、中秋节或新年节日收集消费者上网浏览情形;非特定时间则是指长时间的研究,如不断地收集各网站功能的被点击率,以了解各功能的使用情形。

特定事件的研究则如针对某特定促销活动研究其效果,而非特定事件则指全面性地了解消费者对于网站的看法,如进行在线问卷调查加以了解。必要时,市场研究的规划也须包含如何吸引人们到网站来填写问卷。唯有通过资料收集与分析,才能真正了解顾客习性与满意度,这代表着电子商店的业务内容不是单纯地考虑与客户互动的功能,还需有收集数据与分析的功能。

尤其随着海量数据(big data)时代的来临,网络数据的多元性与数量之庞大,其中,蕴藏的企业智慧已逐渐成为不可忽视的热门议题。

### 5.2.5 系统建设

任何信息系统的建立都须考虑业务内容及软硬件选择,不同的建立目的与业务内容规划,可能会有不同的技术架构及开发工具的选择;反之,业务内容的规划也可能受到技术发展与工具选择的影响而进行调整。但不论如何,系统建立除要满足当前的业务需求之外,也需要具备足够的可靠度、弹性、兼容性、延展性与跨平台的能力。电子商店的系统建立,面临着竞争激烈的大环境、电子商务模式层出不穷、开发平台、相关技术及浏览器推陈出新的速度惊人,只有满足这些特质,才能快速地因环境的变迁,及时修改或扩展系统规格与功能。

此外,任何开发计划皆应有时间规划,时间规划中应配合建立电子商店的阶段性目的,决定合适的开发时间、相关的软硬件采购与建立、人力招聘和培训、任务分配、经费需求、文件制作等相关措施之配合时程,另外,最重要的是实体作业的配合过程,以避免电子商店和后台内部作业流程未能配合之情形发生,如果有实体企业存在,电子商店平台如何和实体的资讯平台整合也将会是重要的考虑;而不论是否有实体企业存在,电子商店的线上服务流程设计必须确保实体作业流程相互搭配,提供给客户无缝隙的服务,特别是如果涉及其他合作伙伴如物流或金流等,更需要注意和对方的系统进行配合。

### 5.2.6 商店的经营管理

在浩瀚的网站中想要脱颖而出，不仅要有好的业务内容，更要有好的经营管理，所谓好的经营管理包含：

（1）随时不断地更新维护，确保网站资料的有效性；

（2）提供亲切而有效率的用户接口，让上网者可以很有效率地浏览与完成想要的上网目的；

（3）进行各种营销活动，以维持一定的业务量；

（4）通过各种数据收集与分析，确保各项业务功能真正能契合顾客的需求；

（5）确保联机操作与实体作业无缝隙的整合；

（6）配合竞争环境与业务需求变化、技术演进，开发各项新业务。

此外，如果在建立电子商店前，已有传统实体商店存在，则电子商店的经营管理就应包含如何确保实体商店与电子商店在经营策略、组织结构、作业流程、信息系统及人力资源方面的整合，特别应注意到各项搭配作业是否协调一致、发挥互补的功能，进而造成综效。

虽然电子商务的发展，会因产品特性、产业竞争环境而异，但如果从顾客是企业的活血源头之观点来看，上述各种经营管理措施的最终目标有两个：一是创造知名度以吸引消费者上网；二是建立上网消费者的忠诚度。在浩瀚的网络世界中，知名度是吸引消费者上网的必要条件。知名度高，一方面表示消费者知道这个网站的存在，当有需求时，自然就会成为浏览目标；另一方面，知名度高可增加消费者的信赖，而较易上网进行各种交易。一旦消费者和电子商店有了第一次的接触之后，如何吸引消费者持续上网，建立忠诚度，便是另一阶段的目标。顾客是企业的收入来源，吸引顾客第一次上网后，必须致力于建立一个持久性关系，才得以有源源不断的收入。

## 5.3 系统建设与发展

### 5.3.1 系统的需求分析

在完成电子商店的规划之后，依此进行系统设计与开发，主要包含下列几项任务：系统需求分析、系统设计、系统开发及测试与维护，以下将逐一简单说明。

系统需求分析主要的依据是电子商店的业务内容，最主要的基本功能需求包含电子目录/搜寻、订购功能、付款系统、交货功能及会员功能。在电子目录部分，必须达到两个主要的目标：一是让上网者快速地找到想要的产品，并且能够了解产品的详细规格，得以与类似产品比较，便于快速决定选购决策；二是能有效率地维护电子型录，特别是能够与上游供货商的电子型录同步更新产品基本数据，在订购功能部分，必须让消费者能够轻易地填写订购所需的完整信息，使交易能够顺利进行，特别是产品运送方式及运费计算、付款方式选择等。而付款方式也必须尽可能地提供多元化的付款模式供顾客选择。

### 5.3.2 系统设计

由于电子商店是让消费者上网自行浏览、寻找商品、比较商品及完成购物过程等，因此网站的设计必须尽量达到如同传统店面一样，有一位店员在接待上网的消费者，每一次点选的结果都能尽量符合消费者期盼的回应，由于每位消费者上网的工具或习惯使用的浏览工具各有不同，对于资讯科技的熟悉度也有所不同，因此面对电子商店内各种复杂的超链接，很容易迷失在网站中，而忘却了原来想要的上网目的。因此，网站系统的设计不外乎要达到好用、易用及有用。更详细地说明，可以说必须达到下列几个重要的原则：

（1）易于浏览与搜寻；
（2）利用会员机制，减少上网者的麻烦，如能自动抓取会员的基本数据；
（3）加强顾客关系管理，使网站能快速给予消费者贴切的回应；
（4）利用各种小精灵或是智能型代理人适时地协助上网者各种疑难杂症；
（5）接口设计应符合一般消费者使用习惯，创新固然很好，但也不能与其他大部分网站差异太大，使消费者不习惯；
（6）色彩的设计让人感觉赏心悦目，不会有太大的视觉负担。

### 5.3.3 系统开发

依据系统需求与系统架构设计，开始进行系统开发，大致可归纳成下列多种模式：

（1）自行开发；

（2）外包开发；

（3）购买现成的应用系统来安装；

（4）从 ASP（Application Service Provider）处租用合适的应用系统；

（5）与企业伙伴合作，直接或部分采用他们的系统，如上下游之间合作，有可能由上游的企业提供系统供使用；

（6）加入其他电商平台，直接使用平台提供的功能；

（7）使用云端运算服务。

上述各种开发模式的选择，考虑因素包含人力、经费、开发周期、系统弹性、可靠度及扩张性等，如果选择在电子商场开设电子商店，因为有现成的各项功能可用，同时也都有完善的现金流及物流服务，不仅有一定的可靠度，在经费及人力需求方面都会少些，开发周期也会快些，但是在系统的客制化能力、弹性及扩张性方面，可能就会相对弱些。一般而言，在选择电子商场开设电子商店时，需要分析比较的包含：开办费、月费或年费、上架费、成交费、现金流与物流服务费、上架数量限制、系统功能、空间限制、各项支持辅导措施、电子商场人气、营销能力等。

任何一个网站的开发，可能是结合上述各种方式达到想要的电子商店功能。例如，所有的网站功能都是自行开发，但是付款部分使用市面上现有的在线支付工具；小米手机不仅有自己的官方网站，同时也分别在天猫、京东等平台上开设旗舰店，虽说电子商店让任何人都可以上网购物，但是每个网站的人气不同，因此，不代表有网站就有人上网，通过在知名的电商平台建立电子商店，必然可以增加很多销售机会。

### 5.3.4 系统测试

（1）功能测试。

确保系统功能是否达到建立电子商店的主要业务目的，是否能够顺利完成预定的服务流程、收集到预定的数据、进行预定的分析，达成预定的响应顾客功能、虚实整合功能及与合作伙伴的系统链接功能。

（2）速度测试。

在现在的网络中，人们越来越没耐心，系统反应速度已成为重要的考虑因素之一，这牵涉到系统的规格及程序写得是否有效率等。

（3）负载测试。

也就是系统能够负荷可同时上网的人数。每一个店家都希望很人能够上到自己的电子商店，因此，压力测试成为重要的考虑因素。

（4）跨平台与跨浏览器测试。

市面上有很多种不同的平台，上网工具与浏览器，消费者常常有不同的偏好，如何让自己的电子商店网页都能正常地显示在各种不同的平台、上网工具与浏览器，是电子商店很重要的考虑。

（5）实用测试。

简单好用是让消费者愿意继续浏览使用的先决条件，创新固然重要，但尽量和一般网站上的设计概念一致，较容易让消费者上手。同时须让消费者有效率地浏览，减少不必要的选择。

所谓的验收测试，可分为两个层面，一是从店家观点来看，整体网站是否达到预期的目标；二是从消费者观点来看，网站的整体性是否让消费者愿意使用，如隐私权的保护、系统安全及业务内容吸引消费者的程度等。

上述的各种测试，不仅需要从单一功能模块开始，确保每一个功能模组都如预期目标运作后，也要就系统整体进行测试，确保整体运作的结果都能通过各项测试。

### 5.3.5 系统维护

系统开发完成、通过测试到真正上线对外营运后，才是电子商店要真正接受考验的开始，此刻才有机会让各种不同习性的使用者上线，每位使用者可能选择不同的链接或启用不同的功能，因此很多在测试阶段检测不到的问题就会逐渐浮现，需要能够实时维修。此外，随着上线后的绩效、营销策略改变及信息科技的进步等，系统功能及规模等都可能需要改变，此时就考验当初系统设计开发时是否让系统具备了足够的升级空间和扩展弹性。系统维护的费用可能是经营电子商店最大的成本，由此也可见系统维护的重要性。总的来说，系统维护任务分为三个方面：

（1）基本的除错。上线随着各种不同的使用行为发现到的错误，很大可能是来自用户的体验反馈。

（2）营销策略改变引起的系统更新。可能包含定价策略、动态营销模式、会员优惠机制、顾客资料收集、新增功能、交易模式改变、新增合作伙伴或者社群营销等。

（3）资讯科技更新引发的维护。资讯科技日新月异且不断进步，技术平台、上网工具、数据库管理和开发工具等，随着科技发展趋势，竞争态势和业务量的增加。尤其是在移动营销盛行的今天，更要求电子商店的不断更新以适应潮流。

## 5.4 电子商店的绩效评估

经过计划、执行及评估三步后，电子商店执行的绩效评估是短期修正执行及长期修正规划内容的重要依据，评估的重点可以分别从顾客角度、店家营运绩效及网站使用情况三个方面来进行讨论。

### 5.4.1 顾客角度

顾客是企业营收的主要来源，顾客对于网站的喜好与接受度意味着是否会进一步完成交易，了解顾客对于网站的接受度或喜欢浏览的网页或产品等都是绩效评估的重点，这些评估指标可能包含浏览人数、重复浏览人数比率及次数、点击量、用户书量、网页或产品点阅排行及顾客购买率等。

### 5.4.2 店家运营绩效

对店家而言，最实际的成效是产品的销售情况，所以可以从总销售量、各类产品销售量、顾客分布地区及顾客购买模式等来了解营运绩效，这些分析不仅可以进行交叉分析，也可增加时间维度，了解淡旺季分布及销售成长情形，此外，可以针对特定事件进行分析，如广告效果分析、促销活动成效分析及定价策略改变成效等，都是可以进行的分析，有助于日后经营管理策略的规划。

### 5.4.3 网站使用情况

电子商店网站的使用效率是不可忽略的绩效评估，其如同传统的店面设计、设计好坏会影响顾客是否会进入店面、停留多久及会不会想要再来等，所以顾客喜好的绩效评估部分是取决于网站的设计，如网站反应速度、出错情况与频率、同时上网的人数限制、顾客使用时第一个点选的地方及吸引的原因（如颜色、产品、营销词和位置）及不同浏览器的使用问题等。现在网络上也有许多现成的软件可以协助电子商店分析其绩效指标。

## 5.5 结 论

本章主要讨论电子商店的规划、建立、维护管理与绩效评估，虽然很多人认为在网络开设电子商店的成本远低于实体商店，同时市场范围更大，边际成本也低，从创业来说容易许多。但事实上不然，首先面对的就是电子商店的主要经营模式，经营模式不对，在网络上开设电子商店，即使成本低，仍然会面临失败的命运，所以要建立电子商店之前，最重要的任务是确认一个好的电子商务模式。根据既定的营运模式，首要确认的是电子商店的建立目的及目标顾客、后续的业务内容、成功关键因素、网站经营管理及资源需求才能据以规划，这可能是一个反复修正的过程，常常在规划细节时，才发现原来的思维可能无法执行或是执行有问题。依据规划内容建立系统时，包含系统需求分析、系统设计、系统开发、系统测试及系统维护等，如何掌控在预定的经费、时间内达到预定的目标，是很重要的。系统上线营运后，则会面临经营绩效的评估。

虽然强调电子商店建立规划很重要，但电子商务发展快速，随着科技进步及竞争情况变化，如何掌握最新进展，适时地调整营运模式来配合科技进展，修改或增加新的系统功能甚或发展移动 APP，都是业者所需面对的挑战。此外，电子商店虽是虚拟商店的一种，但是后台作业涉及很多实体作业及与其他厂商的合作关系，如何确保这些必要的虚实整合无缝隙地接轨，是电子商店要成功的重要环节。

# 第6章　电子支付与交易安全

## 6.1　电子支付的基本内容

### 6.1.1　含义

国际互联网的迅速普及化，使商业贸易活动逐步加入了这个信息广泛传播的世界。降低成本的同时也造就了许多的商业机会，电子商务从而得以发展，成为互联网的一大热点。电子支付随之产生，其是电子商务系统的重要组成部分，也是电子商务发展的一个关键环节。随着各种支付系统的不断建设和运行，我国电子支付业务量也迅速增长。

2005年10月，中国人民银行公布《电子支付指引（第一号）》，规定："电子支付是指单位、个人直接或授权他人通过电子终端发出支付指令，实现货币支付与资金转移的行为。电子支付的类型按照电子支付指令发起方式分为网上支付、电话支付、移动支付、销售点终端交易、自动柜员机交易和其他电子支付。"由此，电子支付其实就是电子交易的当事人通过电子付款系统进行货币支付或者资金流转。它也是一门与资讯安全密切相关的研究，就像其所定义的它就是一串数位讯号。在满足便利付款的同时，也要确保该电子支付方式是否满足资讯安全的需求，例如不可否认性、机密性、有效性和完整性等方面的需求。

电子支付的工作环境是基于一个开放的系统平台（即互联网）之中，使用的是最先进的通信手段，如互联网、Extranet，采用先进的技术通过数字流转来完成信息传输的，其各种支付方式都是采用数字化的方式进行款项支付的，使电子支付具有方便、快捷、高效、经济的优势。用户只要拥有一台上网的PC机，便可足不出户在很短的时间内完成整个支付过程。电子交易依托科学技术的发展，由此产生的与传统交易的差别是利用低交易成本和容易寻找买主与卖主的优势，改变了交易的方式。

### 6.1.2　分类

（1）互联网支付。

根据中国人民银行2010年发布的《非金融机构支付服务管理办法》，互联网主要是指依托公告网络或专用网络在收付款人之间转移货币资金的行为，包括货币兑换、互联网支付、移动电话支付、固定电话支付、数字电视支付等，这里我们主要讲的是互联网支付。

传统金融行业在互联网的冲击下，为了适应用户新的需求而产生了新模式和新业务，互联网金融就是传统金融行业和互联网技术下的产物。银联支付作为中国最早出现的电子支付平台，在技术方面有着明显的优势。在业务创新的过程中，结合自身优势和第三方的优劣势，设计出高端的金融化产品。给个人和商户群体带来便利的操作之外，还有投资门槛低、风险低、收益性高、零手续费等产品优势。

（2）第三方支付。

现代商业的网络交易普遍，小型的网上商家和卖家在进行交易时需要便利的支付方式，以提高交易效率和交易安全。第三方支付是用来作为银行、商家和消费者之间的服务管道模式，具有实力和公信力的"第三方支付平台"使买卖双方既能保障权益，又可以降低彼此风险。目前对第三方支付还没有准确的定义，但是一般认为第三方支付是在电子商务买卖双方之间建立的一个中立的支付平台，为网上购物提供资金划拨管道和服务的企业。在交易中，买方选购商品后，使用第三方支付平台提供的账户进行货款支付，由第三方支付平台通知卖家货款到达并进行发货；买方确认收货后，第三方支付平台再将款项转至卖家。

易观网的调查表明，2017年第3季度中国第三方支付互联网支付市场交易规模为63815.51亿元人民币，环比增长8.59%，如图6-1所示。2017年世界经济论坛发布报告称，中国已成为世界移动支付领导者，这一结果的主要原因是支付宝的用户已达到4.5亿。"支付宝"是阿里巴巴集团发展的一个第三方支付平台，也是淘宝网采用的第三方支付机制。选择支付宝服务，意味着在中国大大小小的网站商城都可以使用同一个支付宝账号付款，方便快捷而且具有一定的保障性。2017年第3季度中国第三方支付互联网支付市场交易份额中，支付宝以24.94%继续保持互联网支付市场第一名（见图6-2）。

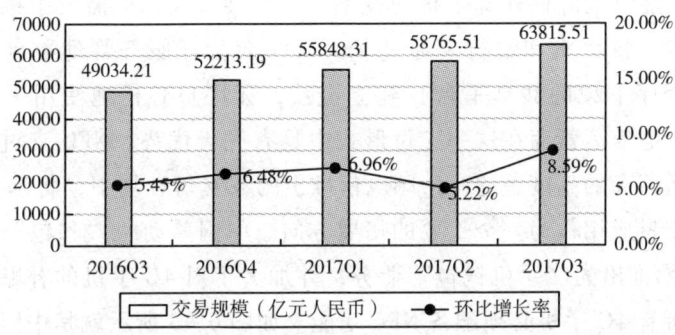

图6-1 2016Q3-2017Q3 中国第三方支付互联网支付市场交易规模

数据来源：www.analysys.cn。

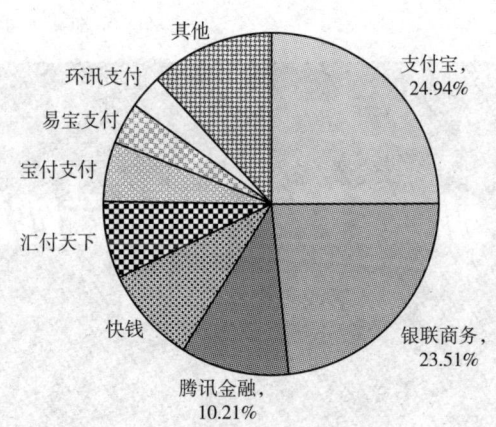

图6-2 2017年第3季度中国第三方支付互联网支付市场交易份额

数据来源：www.analysys.cn。

（3）移动支付。

现代通讯技术、互联网技术和大数据技术的不断突破与发展为移动支付提供了物质基础和保障。依赖移动设备来实现生活上的便利，让人们感受到科技发展的日新月异，生活方式改变也会大大提高生活质量水平。在加密技术、数字签名技术和合适的APP帮助下，消费者只需一部手机就能完成生活中消费的许多场景：线下购物、手机费充值、缴纳电费、打车等。移动支付节省了支付时间，减少了消费者携带现金的不便，也避免丢失现金的可能性。

　　创新技术的应用，移动支付产业在全球迅速发展。NFC 移动支付目前使用最成熟的是日本，NFC 技术通过特定的高频频段传输信号，对于距离远近较为敏感，能有效降低外部干扰的概率，安全性较高，但需要手机配置特定硬件的支持，将手机和银行卡通过 TSM（平台信任服务管理平台专门提供 NFC 应用程序下载的共享平台）建立链接，让用户轻松地使用手机进行消费。因此，电信运营商在这一支付形式中具有先天优势。NFC 支付受到国内主要电信运营商的高度关注，中国电信推出的翼支付计划中，将基于 NFC 技术的近场支付应用作为一个重要的拓展方向。中国移动的"和包"业务是依托 NFC 技术推出的"手机钱包"业务，并加大了对 4G 手机的补贴，规定合约渠道的所有 4G 手机必须配备 NFC 功能。如图 6-3 所示就是中国移动"和包"业务的官网。

图 6-3　中国移动的"和包"业务

资料来源：https://www.cmpay.com/。

　　目前中国普遍使用的是二维码支付，利用手机端的支付平台扫描商家的收费二维码，即可完成付款。第 40 次《中国互联网络发展状况统计报告》显示，截至 2017 年 6 月，我国手机网民规模达 7.24 亿，移动支付用户规模达 5.02 亿，线下支付场景普遍，4.63 亿网民在线下消费时使用手机进行支付，而这当中大多是通过扫二维码实现的。

## 6.2 电子支付的交易安全

### 6.2.1 电子支付的安全需求

如何确保电子支付的安全,要先确保其是否满足资讯安全的需求(见图 6-4)。资讯安全需求主要围绕七个方面展开,而电子支付还需要考虑以下几项内容:社会信用度、市场秩序规范问题和信息安全性。

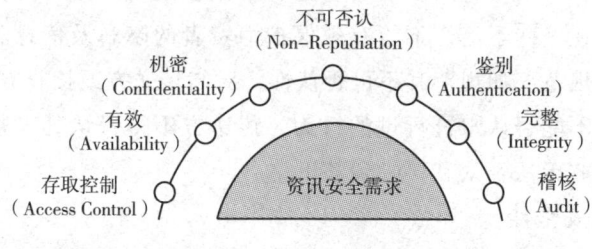

图 6-4 资讯安全需求

(1) 社会信用度。

社会诚信体系尚未建立,社会整体信用制度不够健全,在交易过程中不讲诚信的情况是很多见的。消费者缺乏足够的辨别力,容易受消极信息的影响。此外,如何突破传统观念也是一个问题。互联网金融发展速度快,其中最根本的一个问题就是账户的支付安全。账户安全贯穿账户完成资金交易的整个过程,支付安全成为一个长久的核心问题。电子支付充分开放的特点,使其交易的真实性有待考察和验证。网络的无序性、复杂性让用户存在顾虑,担心电子支付会损害自身的财产安全。导致用户对电子支付的安全性信心不足。

因此,必须确保资讯的机密性,防止机密资讯泄露给未经授权的使用者,或被其所窃取,并且要定期检查资料是否还存在于系统中。利用技术手段可以在一定程度上弥补诚信的缺乏,从而促进社会信用体系的良性循环。

(2) 市场秩序规范问题。

电子支付产业发展迅速,银行不断发展开拓网上银行业务,第三方支付企业也在为用户提供各种不同的电子支付服务。然而,电子支付的巨大市场前景与目前整体产业环境形成较大落差，造成了这一产业方向不明的现状。必须对更有效的安全机制进行探讨，安全是网络支付的核心问题。网络支付系统首要解决的电子商务安全与电子支付问题就是系统安全性。我们发现，很多使用最先进技术的银行系统，依然发生资金被盗取的案例，而且从目前的网络盗窃案件中，我们注意到只有极少数情况是由于银行系统漏洞导致的，更多的案件是由于管理漏洞或是用户自身的大意，由此，为了最大限度地保护网络支付安全，除了使用最先进的技术外，还需要规范管理流程，并不断对用户进行安全教育，建立由业务到技术到用户的多重安全机制。

我国不断完善电子支付方面的法律法规，但体系仍不完善，没有明确权利和义务的内容。消费者网络消费权益和服务管理的规范不完善，信息安全和跟踪环节存在一些不足，不能有效保护消费者的隐私及信息。电子支付的安全需要管理规范。如规范其不可否认性，对与传送方或接收方需留下记录，不论哪一方都不能否认曾进行过的行为，传送方不得否认其未曾传送某笔资料，而接收方亦无法否认其接收到某讯息。

（3）信息安全性。

在电子商务交易形式下，电子支付的无线上网和移动装置用户增加，携带病毒的 APP 和破解数据的黑客让用户信息安全无法得到保障。用户进行电子支付的基础条件就是账号密码，黑客入侵盗取用户的信息，之后进行信息买卖或者偷窃账款，都将对用户的个人隐私和财产安全造成严重的威胁。必须提高满足身份鉴别性包括身份鉴别和资料鉴别两个来源；快速以及准确地验证使用者身份，并作时效性调整以预防暴力攻击；确认资料讯息的来源，以避免由恶意的传送者假冒并传送不安全的讯息安全。必须提高支付标准化，中国网络支付结算体系的技术标准、认证中心和支付网关的发展滞后，制约着网络支付系统的建设。行业要龙头企业制订行业标准，实现标准的权威性和通用性。特别是第三方支付的标准化工作应当随着第三方支付活动的规范全面加强，健全支付的信息安全性。

### 6.2.2 电子支付安全管理

无论是消费者还是生产者，在进行电子交易的过程中最大的顾虑始终还是"安全"两字。这种顾虑会阻碍电子商务的发展，进一步影响整体竞争力的提升。因此，通过不断改进电子支付的安全机制很重要，了解电子支付与安全的安全性与风险评估，做好安全管理，才是最佳方式。电子支付过程中存在的问题主要有：支付系统的中断、信息的盗取及篡改、支付行为的否认、用户不信任等问题。为保证电子支付的安全进行，可采用相应的手段控制减少这些情况的发生。

（1）营造安全环境。

对于电子支付的监管显然还不完善的当下，用户的电子支付的安全意识普遍还不够充足。因此，需要加强社会电子支付安全意识，提高用户维护自身财产安全的防范意识，营造一个安全的电子支付环境。一方面要加强用户对于密钥、身份验证的基本了解和操作。同时要提高防火墙技术、身份认证技术、电子银行安全评估等电子支付系统安全技术，保障电子交易安全。另一方面要培养消费者的维权意识，当权益受到侵害时，能够及时向有关部门反映，遇到诈骗犯罪的，能够及时报案，使用司法程序追偿经济损失，维护自身权益的同时也保障其他消费者的合法权益。

（2）加强技术保障。

电子支付网络平台的安全需求离不开技术保障，当前我国安全技术还未实现自主可控。应当积极研发访问控制，加强防火墙技术，通过控制和检测网络之间的信息交换和访问行为来实现对网络安全的有效管理；完善入侵检测系统，帮助系统对付网络攻击，扩展系统管理员的安全管理能力，如安全审计、监视等；注重加密技术水平的提高，坚持密码基础理论研究，与国际保持同步，形成自主创新的密码技术以用来适应我国电子商务发展需要，推进电子支付安全发展。以下是几种常见的电子支付系统安全技术。

①防火墙技术。

电子商务的业务活动包括网络支付与结算业务在内，商家、银行与客户均需在网络上进行互动、实时的信息交换，如商品的查询、订单的填写、支付方式的选择与支付表单的提交、确认支付等，这些主要是基于 WWW 方式进行，所以商家与银行必然需要设置对应的业务 Web 服务器，面对客户提供网络服务。为了保证包括网络支付在内的网络业务能够顺利进行，防火墙与这些业务的 Web 服务器之间就要进行必要的关联设置，以便商家和银行既能利用 Web 服务器对外提供网络业务服务，又能借助防火墙保证内部网安全。

具体到网络支付业务中，根据需要可以按照防火墙和相应业务的 Web 服务器所处的位置配置，这主要有两种配置方式：第一，业务 Web 服务器设置在防火墙之内（见图6-5）；第二，业务Web服务器设置在防火墙之外（见图6-6）。

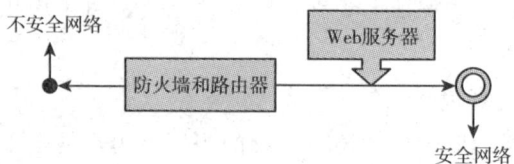

图6-5 业务Web服务器放在防火墙内的配置

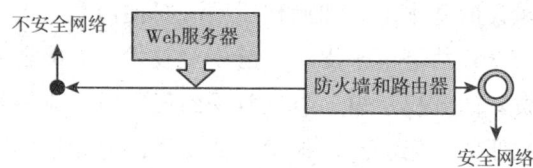

图6-6 业务Web服务器放在防火墙外的配置

②身份认证技术。

包括最简单常用的用户名、密码的方式，基于"what you know"的验证手段，由于是静态数据，容易被木马程序或计算机中的监听设备获取，因此是一种极不安全的身份认证技术；便于用户随身携带的IC卡的不可复制性能够保护用户身份不被假冒，是基于"what you have"的验证手段，但同样是读取静态数据，因此还是存在着安全隐患；采取一次一密方法的动态口令技术，有效保护用户身份的安全性，但由于登录步骤繁琐，使用较不方便；平常使用较多的指纹解锁、脸部识别等技术是利用生物特征来验证用户身份的技术，不同人具有不同的生物特征，因此几乎不可能被假冒。

③健全法律体系。

电子商务法关于电子支付的法律法规尚不明确，应加快完善电子支付的管理办法，推进电子支付法律体系建设。刘春泉提出，电子支付首先必须解决法律问题，并且应依法设立有资质的支付机构。

2005年10月中国人民银行制定的《电子支付指引（第1号）》（以下简称《指引》）是我国在电子支付领域的主要立法，对银行从事电子支付业务提出指导性要求，以规范和引导电子支付的发展。《指引》性质的规范性效力低于相应部门规章和法律法规，是为了电子支付业务能够在宽松的制度环境下不断创新。条件成熟后，为进一步规范非银行支付机构网络支付业务，防范支付风险，保护当事人合法权益，2015年12月中国人民银行发布了《非银行支付机构网络支付业务管理办法》。

只有通过科学立法，通过国家层面的法律法规才能保障交易安全，促进电子商务的健康发展。

## ◉ 案例追踪

电子交易安全的必要性——制定明确的行业标准

在2009年某电子商务平台和第三方支付平台网络服务合同纠纷一案中，由于国家对支付业务尚未制定相应的国家标准、行业标准，在发生黑客攻击的情况下，无法判定各方是否尽到安全保障义务。而仅根据双方的协议及双方提供的证据认定各方责任，最终法院在判决理由中认为：电子商务平台负有当妥善保管商户号和密码的责任，第三方支付平台对自身系统的安全和信息保密负有认真和谨慎义务，其有责任保证电子支付业务处理系统的设计和运行能够避免电子支付交易数据被泄露，而对于黑客攻击支付平台是否由于电子支付平台存在安全隐患，应由电子商务平台即商户承担举证责任。

## ◉ 案例分析

由于在当时并未出台明确的电子支付行业标准导致各方责任的不明确，存在不太公平的判决。之后国家陆续出台关于非金融支付机构的网络业务规范中对电子支付的安全性做出了明确规定：

第一，开户审核。支付机构为单位开立支付账户应要求单位提供相关证明文件，并自主或者委托合作机构以面对面方式核实客户身份，或者以非面对面方式通过至少三个合法安全的外部渠道对单位基本信息进行多重交叉验证，并加强对使用个人支付账户开展经营性活动的资金交易监测和持续性客户管理。另外，支付机构在为单位和个人开立支付账户时，应当与单位和个人签订协议，约定支付账户与支付账户、支付账户与银行账户之间的日累计转账限额和笔数，超出限额和笔数的，不得再办理转账业务。

第二，加强账户监测。支付机构应当加强对银行账户和支付账户的监测，建立和完善可疑交易监测模型，账户及其资金划转具有集中转入分散转出等可疑交易特征的，应当列入可疑交易。对于列入可疑交易的账户，支付机构应当与相关单位或者个人核实交易情况；经核实后支付机构仍然认定账户可疑的，支付机构应当暂停账户所有业务，并按照规定报送可疑交易报告或者重点可疑交易报告；涉嫌违法犯罪的，应当及时向当地公安机关报告。

第三，交易验证。支付机构可选择静态密码，经过安全认证的数字证书、电子签名，以及通过安全渠道生成和传输的一次性密码及客户本人指纹等进行交易验证。

第四，确保交易信息真实、完整、可追溯。支付机构与银行合作开展银行账户付款或者收款业务的，应当保存交易渠道、交易终端或接口类型、交易类型、交易金额、交易时间，以及直接向客户提供商品或者服务的特约商户名称、编码和按照国家与金融行业标准设置的商户类别码；收付款客户名称，收付款支付账户账号或者银行账户的开户银行名称及账号；付款客户的身份验证和交易授权信息；有效追溯交易的标识；单位客户单笔超过5万元的转账业务的付款用途和事由等，以确保交易信息的真实性、完整性、可追溯性以及在支付全流程中的一致性。

## 6.3 结　　论

本章主要讲述了电子支付在中国的发展概况以及发展过程中存在的主要问题，并对几种主要的电子支付方式进行介绍和总结，同时结合具体实例做分析。对电子支付的安全交易的安全需求做出分类整理，并阐明了电子支付安全的实质。通过对电子支付安全交易的安全管理分析，得出几项需要改进的方面。结合案例分析，整合中国在提升电子支付安全机制中提出的办法。

# 第7章 网络营销

## 7.1 什么是网络营销

所谓网络营销，简单来说就是在互联网上进行商品宣传和销售的活动。企业营销部门通过互联网来传递商品信息、促销创意、公关活动等，是企业与客户和厂商进行沟通的模式，也是企业实现营销和通信网络技术相结合的产物。现代人习惯在购物之前进行网上搜寻相关资讯，包括生产者或品牌的说明，或是已购买者的网上经验分享。企业根据这一点改变，在营销策略与资源的分配上，会兼顾传统媒体与网络媒体，以获得最大的营销效果。

与传统营销相比，网络营销具备实时性、互动性、定制化、连接性、跨地域性及多媒体等特性，并且可以全年全天候地提供商品信息和宣传服务。网络营销的出现打破了传统营销的固定模式，这是数字化时代的要求。可以说是电子商务的高速发展带动了营销的改变，也可以说是网络营销的不断创新推进了电子商务的发展。网络营销更多的是以人为基础，借由人与人之间交往的连接方式，提高商品的口碑影响力。利用这种连接与数字媒体结合的营销策略相比传统营销更具生动化和实时性。

网络营销的目的与传统营销并无二异，都是通过以下三个阶段：（1）获得潜在客户的关注；（2）将潜在顾客转换成顾客；（3）留住顾客。利用资讯科技来吸引网络用户成为顾客，了解消费者在网络购物与网络社群的行为，才能定制有效的网络营销策略，让企业更容易接触到顾客，提供更好的服务，提升顾客的满意度与忠诚度，并与顾客培养长期良好的关系。

## 7.2 网络营销的特性

### 7.2.1 主动消费

在信息高度发达的网络时代下，消费者的购物行为发生了显著的变化。其中最突出的特点就是消费者的主动性大幅度提升，在过去传统营销模式下，消费者都是被动地接受信息，导致企业需要不断拓宽营销渠道以接触到更多消费者。"想到就搜索"的消费行为就是一种互联网带来的购买过程，消费者一发现自己感兴趣的商品、信息和服务就会立刻搜索，这种购买过程逐渐被称为 AISAS。而在此之前，消费者大多通过传统媒体广告获得对商品的认知和兴趣，要有充分的热情才能够将有限的商品信息记在脑海中，到商店进行搜寻和购买。这个商品的购买过程被称作 AIDMS。最重要的两个改变就是"Search"和"Share"，即信息搜集和信息分享。

这样的概念清楚地反映了网络营销对消费者行为的改变，消费者由被动转向主动的角色，决定了商品的信息和自己想要获取的信息内容。消费者主动搜索，在网络上进行对比和研究，使得商品口碑的重要性开始引起重视。企业要思考如何将商务营销转移到互联网，而不仅仅是在传统媒体和互联网之间寻求结合的方法（见图7-1）。

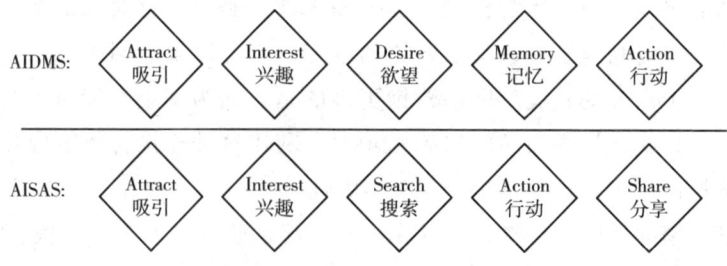

图7-1 AIDMS 到 AISAS 的转变

### 7.2.2 "长尾"效应

网络营销的规模逐渐壮大，归其原因是消费者群体的不断扩大，而带来需求的多元化也引起企业重视。在传统营销模式下，大多数人倡导的是"80/20 法则"，即凭借 20% 的主打商品获得 80% 的销售份额。将主要资源投入在少数热门商品上，人气畅销所创造的利润固然是十分丰厚的。但在互联网的带动下，那些资源顾及不到的 80% 的冷门商品就不容忽视了。小众商品在统计图上像长长的尾巴一样延伸着，提醒企业要顾及更大的市场和更多的消费者。

"长尾"效应颠覆了传统以畅销品为主流的营销观念，互联网以其无限发展的空间，接纳了被传统媒体所舍弃的不经常使用的信息。网络营销不仅使冷门商品得到有效的出镜率，也能够使过期的商品信息在互联网上复活，那些想要搜索"已经停止销售"的商品信息的消费群体的个性化需求得到满足。

### 7.2.3 可测量性

网络营销无可替代的优势就在于它的实时互动和效率，能够缩短买卖双方的距离，有效提高营销范围和加速信息的流通。同时，这些营销过程所产生的流量数据，都能够被精准地统计。网络数据的可检测性，让网络营销成为与众不同的数字媒体，突破了传统媒体的限制。并且有助于企业更有针对性地进行销售商品的信息传播，降低成本。

## 7.3 网络营销的 4P 与 4C 策略

### 7.3.1 4P 营销组合策略

著名的 4P 营销组合理论可以说是奠定了营销理论的基础，为企业营销活动的思考提供了方向。所谓 4P 理论是指营销的四个单元，即产品（Product）、价格（Price）、渠道（Place）和促销（Promotion）。这四项内容只有互相搭配组合，才能使营销活动的效果显著。当然，4P 营销组合也同样适用于网络营销。

（1）产品（Product）。

随着互联网逐渐渗透，消费者能够从中获取丰富的信息，受其影响所做出的消费决策和消费行为都将促进产品的开发与改进。在网络上销售传统商品，依托了互联网的便利性也减少了营销渠道的成本。除了传统商品外，虚拟的数字化产品也随着移动装置的普及走向多元化发展，为企业创造了商机。虽然流通性高和消费风险低的产品更适合在网络上进行营销，但创新性才是提高商品销售门路的关键。目前虽然还有的商品类型不适合在网络上销售，但充满创意的人们慢慢为其发展出合适的电子商务模式，增加网络商品的丰富性。目前，在网络上常见的商品类型有以下几种。

①规格化的实体产品。

产品具有固定属性，可标准化。因此不须使用或触摸商品便可在网络购买，消费者不必担心买到质量不佳的残次品，这可增加消费者在网站购买意愿，如计算机 3C 产品。日常家庭消耗品如清洁剂或卫生纸，可存放食品如饼干，在网络零售提供 24 小时到货后，也成为网络购物的热门商品。

②知名品牌产品。

品牌代表着质量的承诺，消费者了解该品牌便有信任感，明显降低买家的交易风险，如日本品牌"无印良品"、西班牙的知名平价服装品牌 Zara，即使非官方授权代理，由网络商城卖家销售，仍能获得买家的信任感。

③数字产品。

以数字科技呈现的商品，如电子书、MP3 音乐、影片。电子书目前发展最成功的是 Amazon 的 Kindle 电子书，除了专属的阅读器与平板计算机外，Amazon 在各种不同的计算机系统皆提供应用程序（App），让购买 Kindle 电子书的读者可以跨平台阅读，不受载体的限制。

④数字服务。

以数字科技提供的在线服务，如搜索引擎、E-Mail、电子报、云端硬盘或在线游戏。许多的数字服务都以免费的方式吸引消费者购买使用，虽然可以快速产生使用量，然而服务提供者需要建立稳健的商业模式，以赚取利润，才能长久经营。

⑤低价大众产品。

价位不高且消费者对质量不会很在意的产品如衣服、箱包等产品。这类的商品进入门槛低，却是竞争最激烈的"红海"，大小型网络零售的必争之地、卖家必须建立合理的产品定位，并有核心能力维持市场竞争优势。

（2）价格（Price）。

习惯于长期在实体店购买商品的人们，在选择网上购物时通常是以更优惠的心理来预期商品的价格。这是由于网上商店本身就比实体商店节省了店面成本，并且消费者善于搜寻商品进行比价，增加了网上商品的价格竞争。企业商家面对相似商品的定价问题时，就要考虑如何在不降低成本的情况下，还能够保证商品质量和优质服务，以达成更好的销售。如像85度C这样知名的连锁餐饮体系为了吸引更多长期顾客，在微信平台出售熟客咖啡券等优惠活动来吸引消费者，同时带动业绩的增长，如图7-2所示。

图7-2　微信公众平台【85度C微会员】（85度C推出熟客咖啡券）

（3）渠道（Place）。

企业和消费者进行联系的渠道是销售环节中必不可少的，它负责将合适的产品在合适的时间送往合适的地点。产品的流通依靠渠道来进行，许多实体商店同时发展网络商店，正是因为互联网这个大渠道能够为消费者提供更便利、快捷的服务。网络除了作为销售渠道外，还是商家和消费者进行有效互动的通路，商家不用再通过渠道商联系消费者，能够更直接为消费者提供具有针对性的服务，同时也节省了成本。

（4）促销（Promotion）。

促销是将产品信息传播推广给目标客户的销售活动。产品在不同的市场周期需要采取不同的营销策略，通过短期促销活动让消费者对商品产生兴趣进行消费的过程，也是企业为了促成业绩增长的营销手段。网络让促销的方式变得更丰富，也使推广活动变得更容易。消费者不再被动地接受商品信息，同时也是口碑效应和信息分享的生产者。企业要通过这个双向互动的网络平台，采取不同的方式进行品牌和产品的推销，主要有以下几种。

①网络广告。

利用信息科技来进行产品或服务讯息的传播，如横幅广告或关键字广告；

并可利用信息技术衡量成效，提供点阅率与转换率等数字。藉由网友属性变量的交叉分析，营销人员可调整广告方式，以获得最佳的成果。

②促销。

使用样品、折价券、减价赠奖或竞赛等方式刺激销售。例如，在天猫淘宝商城的"双11"期间，通过疯狂降价、商家满减的活动，以吸引网友购物。

③直接营销。

利用电子邮件或电子型录对顾客提供个人化的服务或促销信息，适合用于目标营销以及一对一的顾客关系营销，如顾客生日时寄送生日贺卡或生日专属的折价券等。

④公共关系。

目的在建立企业良好的形象如企业可以"公益赞助"的方式，承诺从顾客消费中提出一定比例的金额，捐赠给慈善团体。

⑤策略联盟或导流。

网友借由鼠标点击，即可在不同网站之间游走。因此，网站或是网络商店，可借由策略联盟与其他网站合作，导入流量完成交易，即可获得佣金。如一淘网（www.etao.com）是阿里巴巴的官方返利网，消费者通过该网站的产品链接购买其他网站的产品，即可受到一定返现金额。

### 7.3.2　4C营销组合策略

网络时代的迅速发展，使营销理论由原来的4P逐渐转向4C，包括顾客（Customer）、成本（Cost）、便利性（Convenience）和沟通（Communication）。4P理论重视由上而下的实施原则，主要以产品导向为中心，所追求的是企业利润最大化。而4C考虑到顾客需求，将顾客整合到营销过程中，使企业营销目标实现双赢的局面。

（1）顾客（Customer）。

注重以顾客为中心的销售活动，不仅要考虑到顾客需求，也要思考关于顾客的体验和感受。许多营销手段就是从这方面入手，顾客导向是目前最主流的营销趋势，企业从顾客体验、顾客关系、顾客沟通和顾客社区等方面整体考虑。从而满足顾客群体的欲望和需求，让产品和服务得到提升，由此产生顾客价值。

许多商家通过网站和顾客进行交流,利用网站的设计来传递企业的讯息,让顾客在浏览网站的过程对商家及产品有所了解,并体验商家的服务态度,从而先吸引一部分顾客获得消费的忠诚度。

(2) 成本（Cost）。

顾客进行消费的过程,必然要付出一些精力、时间、金钱等购买成本。企业在面对市场竞争而进行调整定价体系的情况下,不仅要考虑生产成本,同时要顾及消费者的购买成本。消费者为了满足自身需求,会从利益问题和自身承受能力来思考购买行为。当下的网络时代,企业必须首先了解和研究顾客心理,真正充分考虑到顾客愿意支付的成本和顾客面对的交易风险。如企业在设计网站时,提供更便利的界面和更清楚的信息,节省了顾客的搜寻成本。通过第三方认证机构,为消费者提供消费过程的保障,降低消费者的消费风险,都有助于企业更好地进行销售活动。

(3) 便利性（Convenience）。

当网络营销渗透到人们的生活中,如何更直接、快速地进行购物已经不是难题。值得思考的是消费者在付款环节和商品的物流配送环节,如何提升便利性和灵活性等问题。现代人忙碌于快节奏的工作生活中,购物需求希望建立在足不出户的前提条件,直接快速地获得产品的便利,也是消费者利益的一部分。企业依托物流服务,运用各种信息科技,让物流更有效率也更准确,使网络营销的便利性大大提高。

(4) 沟通（Communication）。

企业和消费者在网络环境中进行沟通,不同于以往简单的单方面传递讯息,而是实时地、有效率地对话。在消费者发生购物行为前,企业除了向消费者传递商品信息外,还会收集消费者的需求。在购物过程中,企业就能够提供更为全面的信息,实时回应消费者的问题并快速解决问题。在售后服务中,可以取得消费者的评价和建议,作为企业改进产品和服务的参考依据。双向的沟通体现了网络营销的"交互式营销"的特点,有利于企业和顾客建立长期关系。

## 7.4 网络营销的模式

随着网络营销不断发展,产生了以下几种模式,如表7-1所示。

表 7-1　　　　　　　　　　　网络营销的模式

| 营销项目 | 特　点 |
| --- | --- |
| 大众营销 | 1. 注重品牌与产品的形象与特色<br>2. 通过重复广告的方式加深消费者印象<br>3. 容易提高品牌认知度<br>4. 商品大多为知名品牌的大众化产品 |
| 关系营销 | 1. 注重顾客关系管理<br>2. 互动性较强 |
| 许可营销 | 1. 易长期吸引消费者注意<br>2. 有助于消费者关系建立 |
| 集客式营销 | 1. 获取新顾客的成本较低<br>2. 营销内容需要有创意<br>3. 顾客主动搜寻 |

### 7.4.1　大众化营销

大众化营销是针对所有的消费者，没有特定对象或目标市场的区别的策略。网络上实行的大众化营销，最常见的就是大型入口网站置放的广告，产生的效果明显、曝光量大，但成本较高。手机 APP 也较常见的大众化营销，例如，新浪微博手机客户端，进入程序之前会出现一个将近 5 秒的平面宣传广告，容易加深用户的印象。大众化营销逐渐走向传统媒体与网络媒体的整合策略，如许多品牌花了大成本制作的广告，在电视上播放一段时间便会用新的广告代替，以避免观众视觉疲劳。那么下架的广告就可以放到网络上播放，可以长时间点击观看，保证了营销的效果化。既强化了品牌形象，又为商品带来持续的广告效益。

### 7.4.2　关系营销

关系营销即为"吸引、保持以及加强客户关系"，是 Berry 于 1983 年所提出。而后又进一步将关系营销定义为"通过满足客户的想法和需求进而赢得客户的偏爱和忠诚"。在企业中就是指借由持续的关系维护，为企业带来持续的获益。企业需要维护关系的对象，不只是顾客市场，还包括与企业有往来的或对企业有影响力的对象，如内部市场、员工市场、供应商市场、推荐者市场等企业需要维护关系的重点对象。在电子商务的营销上，主要考虑通过顾客关系来持续强化企业与顾客之间的联系，进而促成顾客忠诚度、重复购买行为、网络上的口碑效应。

### 7.4.3 许可营销

"许可营销"理论由 Yahoo! 的营销专家赛斯·高汀（Seth Godin）在《许可营销》一书中最早进行系统的研究。早期的研究表明，人们日常生活中会受到大量来自营销广告的骚扰，使得营销的资讯内容被过滤并且稀释了不少，也严重影响顾客的生活，变成了干扰营销。与之相对的许可营销是在消费者答应接受营销资讯的前提下，营销人员方才提供商品的有关讯息和促销活动内容。许可营销有利于消费者根据意愿选择自己感兴趣的商品讯息，也能够帮助商家获得一部分对自家品牌和产品有兴趣的消费者，易长期吸引消费者的注意。

网络营销应该以尊重顾客为前提，为了让营销策略取得成效的同时，也要注重营造良好的顾客关系。例如用户在网站注册会员时，让其选择是否接收商品资讯和促销活动内容，用户根据自己的意愿选择接受，就构成了许可营销。

### 7.4.4 集客式营销

集客营销又叫 Inbound Marketing，是一套完整的全渠道数字营销方法体系。

企业要采取集客式营销，主要通过六个步骤：

（1）建立一个成功的营销战略。通过制订目标，分析现状以及预估的回报。

（2）创建与优化网站。一个高效的网站是采取数字营销与创造销售机会的中心，在网站上建立完整的关于企业产品详尽并且有趣的内容。

（3）建立更多流量。增加更多的网站流量，就意味着增加了更多的潜在客户。

（4）把流量转换成销售机会。对于不同层次的顾客提供有诱惑力可能唤起行动的服务。

（5）把销售机会变成真正的销售。利用销售智能化，细分销售机会，通过社交媒体传播具有吸引力的内容，如微博、微信公众号、贴吧等社交平台。

（6）衡量数值。将所有的资料作综合分析，如带来的顾客流量、销售机会转变成客户的数据等，分析结果用来修订社交媒体的内容策略和官方网站的顾客转化策略。

## 7.5 结　　论

本章阐述了网络营销的概念，通过对传统营销和网络营销的对比分析，总结出网络营销的优势。总结出网络营销的三大特性，区别于以往营销的不足，更加丰富和生动化。具体分析了网络营销组合，强调在不同产业应考虑的不同因素。

网络营销的模式逐渐发展出多元的面貌，本章整合了几种网络营销的模式，希望能快速获得多数网友观看的大众化营销，是通过采取设置首页广告或播放广告影片的方式。或是利用信息科技来维系或强化与顾客的关系，称为关系营销。然而水能载舟、亦能覆舟，随处可见的营销信息或干扰性行销，反而造成消费者的反感。营销人员发展出以社交媒体的内容来吸引消费者，不再以干扰式的营销来打扰消费者，称为许可营销。企业需要针对不同社交媒体的社群文化或行为，设计有吸引力的内容，并结合资讯科技，针对网友到访、转化及购物的行为加以追踪与分析，以持续改善营销操作模式。

# 第8章 网络广告

## 8.1 网络广告的定义

广告被称作是营销的最佳工具，企业用这种"一对多"的方式向大众传播信息，以达到刺激消费者购买的欲望，或是建立企业品牌知名度。传统广告主要利用电视、广播、报纸、传单和大型广告牌的方式来传播，随着互联网的出现和普及，网络成了近年来最受欢迎的广告媒体。网络广告就是利用互联网与信息科技，在网页中或是在使用者浏览的过程中，接收到的广告讯息。

网络广告已经与传统的电视媒体、报纸、广播和杂志，在传输范围、传播效果等方面并驾齐驱，被统称为"五媒体"。网络广告最突出的特点就是拥有互动性，能够与消费者需求相互回应，进而促成购买活动的一种营销方式。使用户选择自己想要看的内容，不受时间和地点的限制。同时网络广告能通过统计数据，迅速获知广告的效果，方便企业调整策略。互联网广告的市场规模和报纸的市场规模已经并无二异。随着互联网的普及和网民数量的不断增加，网络广告已成为越来越多广告主发布广告的必然选择。在不久的将来，网络广告将成为最具影响力、最受欢迎的大众传播媒介。随着信息科技不断发展，广告模式越来越多样化，以下介绍几种常见的网络广告类型。

## 8.2 网络广告的种类

一些研究者对常见的网络广告形式进行了分类。其中比较有代表性的是

Burns 和 Lutz（2006）的观点，他们依据的标准是流行性（prevalent）、重要性（important）、独特性（distinctive）、显露性（emerging）等四个方面，所确定的广告形式应至少具有其中某一方面的特性。通过对网络广告界的专家和资深网络使用者的深度访谈后，Burns 等指出，当前网络广告主要存在以下六种常见形式：

（1）旗帜广告（banners）也就是以下所说的横幅广告。含有图形元素，以水平的（horizontal）窄边条状呈现在网页顶部。

（2）弹出式广告（pop-up ads），网民的浏览页面之上呈现另一新窗口来进行广告宣传，网络用户必须关闭或最小化该广告窗口才能从其页面上消失。

（3）擎天柱广告（skyscraper ads），类似于旗帜广告，但不是呈现在网页的顶部，而是以窄边、长条状竖立（vertically）的方式出现在网页的左、右两侧。

（4）巨型广告（rectangle ads），将编辑好的图形和文本广告信息置于网页中，访客感兴趣的内容则环绕在该广告的周围或上下位置。

（5）漂浮广告（floating ads），联合使用 Flash 和动态超文本链接产生的半透明小矩形广告窗口，自动显示，游走于用户打开的网页之上。

（6）插页广告（interstitial ads），在网民的目标网站或栏目被打开之前插入一个新窗口显示广告内容，一旦目标页面打开，该广告便会消失。即在页面过渡中插入的呈现时间极短的广告。

不同于 Burns 和 Lutz（2006）划分广告类型的标准，Jung 和 Choi（1999）则将网络广告分为三大类：

（1）注意力吸引工具（attraction tools），这指通过旗帜广告或搜索引擎等方式为消费者提供访问产品或服务网络地址的便捷途径。

（2）内容广告（advertisement contents），指在网络广告中直接提供产品或服务的相关核心信息。

（3）跟踪性营销广告（follow-up marketing），指通过电子邮件或主动式广告（push advertisements）给特定目标受众提供相关信息（引自 Ko and Park, 2002）。

### 8.2.1 横幅广告

横幅广告是最早出现也是最常见的收费广告。通常是文字、图片或动画的长条方块的形式并加入链接，固定在网页的上方或侧栏，用户点选后，会自动跳转到目标宣传网页。整个过程达到了进一步做广告的效果，其优点是可以迅速吸引消费者的目光，但除了潜在客户以外的用户可能会失去对品牌和产品的兴趣。

### 8.2.2 按钮式广告

放置在网页上的小型按钮，面积较小，因此收费较低。符合一些预算较少的企业进行广告宣传，但由于大小的限制，容易被使用者忽略。广告主也可以选择购买几个连续位置的按钮式广告，用来加强宣传效果。

图 8-1 随处可见门户网站中的横幅广告和按钮式广告示意图
资料来源：www.duba.com/。

### 8.2.3 弹出式广告

当网络广告的数量达到一定程度时，用户容易对固定位置的广告视而不见，降低了广告效果。因此出现了弹出式广告也被称为插播式广告，当用户点击链接进入网页时，会自动开启新的浏览窗，强迫用户观看。少数的弹出式广告能够吸引使用者的目光，但过于泛滥就会引起反感，干扰浏览网页的体验过程，对使用者造成不便。因此许多浏览器加入了阻挡弹出式窗口的功能，这也降低了弹窗式广告的效果。

### 8.2.4 关键字广告

用户习惯在互联网上使用关键字搜索资料,根据浏览或搜寻的内容会出现不同的广告。这是企业向网站购买特定关键字,当发现消费者潜在的消费机会或意愿时,随即进行动态式的广告营销。关键字广告的一大优势是与消费者意愿相关的特定商业讯息,建立在消费者容易接受的前提下,营销效果较明显。研究指出,关键字广告的效益已经高出横幅广告,每一个关键字都有可能生成一条广告,因此这个方式对于预算高的企业十分有利。

### 8.2.5 邮件广告

过去的邮件广告通常包括在邮件杂志中插入数行广告或图像和邮件广告 DM(direct mail)两种类型。随着数字工具的普及,以电子邮件寄送营销信息的方式也盛行过一段时间。商家从各种不同的管道收集到使用者的电子邮箱,通过大量发送的方式,直接将营销内容寄给不特定的用户,以达到广告的目的。这种几乎不需要成本的方式给商家提供了便利,却给用户造成了困扰,而且有可能损害公司形象,也容易造成邮箱服务的负担。目前大多数的电子邮箱服务已经增加拦截广告邮件的功能,或者自动归类为垃圾邮件丢弃掉,如图8-2所示。

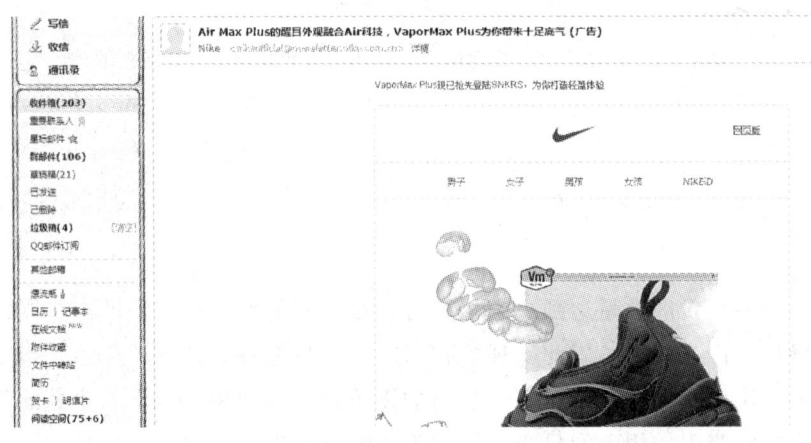

图8-2 电子邮箱营销广告(QQ邮箱)截图

### 8.2.6 交互式广告

利用网络营销双向沟通的特性,通过与使用者的互动,以达到广告的效果。交互式广告会根据用户的点击步骤而产生不同的结果,比起单向沟通显得更为生动有趣。用户能够决定自己的意愿,并且在不知不觉中接受了广告讯息,也容易留下深刻的印象。

### 8.2.7 联合广告(赞助式广告)

联合广告是由媒体公司制作内容,企业只是作为广告赞助商进行投资而非购买特定的广告版位。企业赞助网站举办特定的活动或单元,通过在活动中所产生的影响和引起话题的讨论,达到宣传的效果。

## 8.3 网络广告的特点

### 8.3.1 交互性

网络广告区别于传统媒体广告最明显的一点就是交互性,同时也是网络广告最本质的特点。相较于传统媒体广告,网络广告强调让双方能够互动的功能,让观众自由选择自己想要看的内容。传统媒体广告侧重单向性的传播,人们只能被动地接受所传播的信息,几乎没有选择的余地。如电视、广播等传统媒体所承载的广告内容,为了等待完整的节目呈现,观众对于广告内容就没有办法忽视。而网络广告给了使用者自主选择权,可以仔细欣赏也能够粗略浏览,区别于传统媒体广告的强制性,网络广告也变得更具吸引力。

### 8.3.2 形式多样化

网络广告是多媒体的形式,表现出丰富的多元化性质,包含文字、表格、图像、动画、声音、影像、三维空间、虚拟现实等,既兼顾了传统媒体的优点,又加入了互联网与信息科技,具有丰富的声光效果和强烈的感染力。

### 8.3.3 传播的广泛性

网络广告借助网络这个平台,将广告信息传播到与国际互联网所有的计算机终端客户,因此不受时间、空间限制,就可以出现在每一次使用者浏览的网页上。通过网络传播,可以凭借最快速度将产品介绍给全球的用户,商家能够获得高度曝光的机会。利用网络的传播性,用户可以足不出户地获取自己想要的信息,购买网络商品或服务,提高生活质量水平。

### 8.3.4 追踪的可测试性

就流量而言,网络广告能够根据用户点击率统计广告浏览的数据,并且包括时间、地点都可以被追踪记录。这样有助于广告商评估广告的效果,方便商家调整广告营销的策略。

## 8.4 网络广告的成功原因分析

### 8.4.1 互联网的普及

网络广告的兴起是以互联网的普及为基础的。现代人的生活离不开互联网。互联网的触角已经延伸到各个领域,网络用户正在体验和享受互联网带来的便利。通过计算机互联网、移动互联网等,人们随时随地可以畅游网络世界,也拉近了与世界的距离。随着互联网的普及和发展,网民数量的不断增加,互联网已经成为世界上最大的生活、娱乐和贸易市场。借助互联网的"东风",网络广告的发展也成为必然趋势。

### 8.4.2 市场定位明确

企业在各自的门户网站上有清晰的受众定位。根据受众的特点,设计网站的页面、排版和内容,可以吸引受众的注意力。因此,准确定位市场将是网站生存和发展的关键。每个网站都非常谨慎地对自己的市场定位，不断识别市场，确定自己定位的准确度。广告也适用于有一定需求的人，但任何广告都不能满足人们的各种需要。因此，某一受众定位的准确性最终会直接影响广告的效果。然而，由于人们的需求是不断变化的，受众的广告诉求存在偏差，有时难以准确把握受众需求，这将极大地影响广告的最终效果，这是市场定位不准确的后遗症。因此，投资广告就是要挣"明天"的钱，至于"明天"能否通过广告赚钱，那是不知道的。而在网络广告的选择过程中，根据网站的市场定位，我们可以清楚地了解受众群体的特点，使其能够有的放矢。根据受众群体的需要，有效地结合广告诉求点，最大限度地发挥商业价值，起到较好的广告效果。同时，用户在观看网络广告，可以根据自己的设想回放，这主动把广告完全交至用户手中，用户将大大提高"顾客第一""顾客是上帝"的荣誉感和自豪感。与被动接受广告相比，网络广告可以被用户接受，产生的效果也不能相提并论。

### 8.4.3 E元素在广告中的广泛应用

E元素时代指的是娱乐时代和游戏时代。在《娱乐经济》一书中，美国作家沃尔夫提出，无论消费者买什么，他们都在寻找娱乐元素。在"娱乐化消费"的趋势下，市场上的产品和服务也将提供娱乐功能或娱乐活动，形成娱乐经济。未来多数产业能否成功，关键在于能否与娱乐业相结合。如今，网络大行其道，作为娱乐游戏的"游戏潮流"正在不知不觉中崛起。一个心理学家分析，"原始社会是孩子和动物的地方，这是有趣的和无我的本质"。游戏本身是充满张力、秩序、行动，这种时刻追赶的游戏心理已经被当代的文明所掩盖，但游戏的天性会不自觉地从人类内心深处中跑出来，形成了各种精彩绝伦的活动，"游戏"就此诞生了。在这种"游戏趋势"的影响下，社会秩序被组织化、规范化，注入了幻想、夸张、虚构的新风格。人们正在寻求新的刺激，因此社会将变得越来越游戏化。每个人都想通过游戏进入"忘我"的境界，这种方式所带来的满足感似乎可以摆脱日常生活的无聊。互联网时代是一个时代的象征，人们在互联网上可以"肆无忌惮"地展现自己最真实的一面。而网络广告接触的植入，也为E元素的时代产生一种新的解释，将网络广告、娱乐和游戏紧密结合，使网络广告成为娱乐、游戏中不可分割的一部分。

## 8.5 网络广告遇到的问题

### 8.5.1 网络广告的无序性

由于网络广告审核制度相对不完善,使在线广告的企业或个人的准入门槛相对较低,再加上企业谋利的性质和网站的运行特点,导致网站上产生了"压倒性"广告;投放的广告内容、形式、品牌意识相差甚远,杂乱无章;品牌定位不一的广告也被允许出现在同一个版面上,误导受众对于品牌的认知和判断。这种参差不齐的排版是网络广告无序化的表现,制约了网络广告的长期、持续、健康发展。最好是让定位相同的网络广告比邻而居,虽然这可能会增加网站的运营成本或减少网站的利润来源,但对于广告主、受众群体、网络广告的长期发展和对投资者的长期回报都具有更现实的价值和意义。

企业商人追求利润是无可厚非的,但在经营方式上,把追逐利润当作是一种手段显然比目的来得好。在自己能够承受的范围,为了达到一些长期目标而减少短期利润是可行的。网站的收入主要来自网络广告,在选择广告投放上,广告主首先要根据网站的点击率和可视性判断。因此,对于网站来说,点击率和在线用户的数量显得至关重要,点击网站的人数越多,上网次数越多,网络广告的投放成本就越高。因此,数据对于网站非常重要。但对于广告主来说,数据的影响力更为重要。一个网站有大量的访问者,但不能准确判断广告的层次,而产生广告效果不显著,也会被广告商抛弃。

### 8.5.2 过于夸张的广告创意

随着计算机设计软件的广泛应用,广告设计变得丰富多彩。运用精湛的技术效果和精美的画面,使网络广告吸引眼球,获得大量关注度。从手绘海报到各种各样的广告大片,广告技术飞跃提高。广告依靠互联网技术,不断发掘出新鲜的、令人惊讶的、越来越有创意的想法,完成各种出人意料的广告作品。网络不仅成为广告的媒体宣传平台,同时也是广告的技术推动力。网络广告让传统广告不再是枯燥乏味的原始"垃圾画",而成为人们欣赏的艺术作品。但是随之而来的影响呈现两面化,网络广告给用户带来视觉上巨大的冲击，并搭配"诱人"的广告语，成为互联网用户冲动购买的原动力。从广告设计的效果来看，这无疑是成功的。

但对于产品本身来说，可能会引发"与实物不符"之类的纠纷。当前在网络广告传播的过程中，更多的只是注重投放前的广告效果测评、传播时的广告效果表现以及市场的反应，但是却忽视了最重要的一个环节，那就是消费者购买使用产品后对其效果的评价，以及是否能够带动市场连锁反应。这也将决定消费者是否能够成为网络广告忠诚的长期受众群体。消费者一旦成为忠诚观众，其表现行为是持续购买、相关购买和推荐购买，这将极大刺激广告主投放网络广告的热情，对网络广告的发展将起到不可替代的、积极的推动作用。广告应在注重所投放的广告不过于夸张、符合自身产品，追求广告具有创意的同时不脱离实际，不用过分夸张的广告效果欺骗消费者购买产品。

### 8.5.3 缺乏文化内涵

网络广告的文化内涵也需要引起关注，什么样的广告内容才能够同时满足吸引眼球、体现企业文化和产品特质呢？当前复杂的网络环境下，各种"庸俗""低俗"的广告内容层出不穷，铺天盖地的"新、奇、特"广告只是为了博得短期的关注度，很快就会被忽视。网络广告要提高文化内涵，才能吸引受众的长期关注，达到广告的营销效果，同时能够宣传企业的内在品质和文化。

提高网络广告的文化内涵，其一，分析受众的偏好、兴趣、行为和心理因素，提供消费者使用产品价值的功能性，满足消费者情感诉求的文化精神性；其二，发扬企业文化、哲学、精神和信仰等积极向上的乐观态度。网络广告与传统媒体广告最大的不同在于受众群体不受国界的限制，通过互联网强大的通讯功能，优良的网络广告可以使不同国家、不同民族、不同肤色、不同信仰的观众产生心理共鸣，对企业和产品的国际化起到强大的促进作用。

苹果公司2014年推出的广告宣传片"Better"，将苹果的产品和环保理念的话题联系到一起，解读了科技给人们带来了便利，同时强调了公司对于环保理念的重视。

图 8-3 苹果公司的宣传广告《Better》

资料来源：腾讯视频网。

## 8.6 总　　结

随着互联网的兴起，网络广告已经成为广告商宣传产品、彰显企业形象的重要媒介。网络广告面临着快速发展和扩张，也产生了一系列问题。本章对网络广告做了基本介绍，从种类、特点等方面入手，结合当前网络广告发展面临的主要问题进行阐释，并分析和总结了网络广告成功的主要方法。网络广告在发展的道路上会面临各种突发的状况，在网络广告的管理规范还未完善之时，企业要根据自身特点扬长避短、"取其精华，去其糟粕"，让网络广告得以健康发展。

# 第9章 移动商务

## 9.1 导 论

移动商务（M-commerce，mobile commerce），又称为移动电子商务，是由于移动科技的迅速发展及引用而产生的一项全新商务交易模式。随着移动通讯技术的日渐成熟，移动商务具备成为继电子商务后另一个新兴产业的重大潜力。不过移动商务的实际发展，却迄今未如预期般的大幅成长。移动商务将由于其"移动"的特性而带来比传统电子商务更多吸引人的商机。

电子商务与移动电话的逐渐普及，而此两项科技的互相冲击，形成了"无线上网"与"移动商务的新思维"，希望能让人们不受时空的限制，摆脱电子商务必须利用有线的设备才可以进行互联网遨游的想法，而可以利用身边的设备来上网以及获得电子商务的服务。而随着无线网络的发展，提供结合无线通讯与互联网的移动商务服务也已经成为国内外业者今年最被看好的重要产业之一，随之引发的移动电子商务潜在商机，更是各界瞩目的焦点。

## 9.2 移动商务的定义

移动商务可以用广义跟狭义的角度来定义，广义地说移动商务就是没有时间、地点的限制，借由移动终端的设备，并通过无线的通讯器材来从事电子数据交换或商业交易活动的方式。如果以较为狭义及严谨的定义来分析，移动商务同样是利用无线终端设备来进行市场交易，但是必须付费才算数，其相关的服务与运用除了提供娱乐、音乐、图形的下载外，还包括移动银行、移动理财、移动广告等服务项目。

市场调查公司 Forrester Research 对移动商务有一定义的诠释："利用手持的移动设备，由不断地持续上网且高速的互联网联机，进行通讯、互动及交易等活动。"简单地说，移动商务就是在移动通讯器材上（mobile device）上执行电子商务（E-commerce），而整体市场的演进过程如图 9-1 所示，在此演进的历程中，前两项的变革只有包括系统整合和业务重整，由企业内部全面改组来达成。后三项则牵连到产业界：电子商务影响企业与顾客的互动；电子商务对于供货商与顾客造成类似互动的效应；移动商务则是将企业的影响力扩张到海角天涯，只要拥有移动科技设备，任何人都可以使用移动商务的服务。而学者 Stuart J. Barnes（2002）也表示，随着移动科技的推出，让移动商务变成具有希望的未来发展方向。

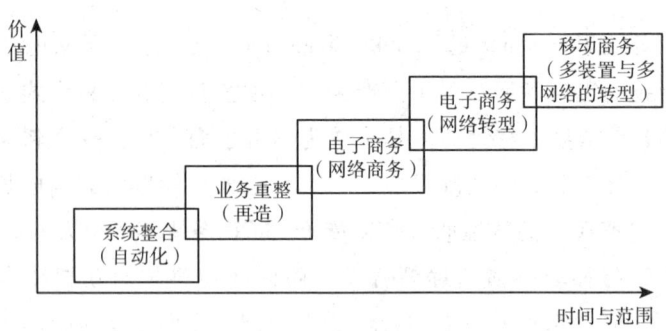

图 9-1 市场的演进

## 9.3 移动商务的演进过程

### 9.3.1 萌芽期（2000~2007年）

（1）技术发展：WAP 应用是移动互联网应用的主要模式。

该时期由于受限于移动 2G 网速和手机智能化程度，中国移动互联网发展处在一个简单 WAP 应用期。WAP 应用把 Internet 网上 HTML 的信息转换成用 WML 描述的信息，显示在移动电话的显示屏上。由于 WAP 只要求移动电话和 WAP 代理服务器的支持，而不要求现有的移动通信网络协议做任何的改动，因而被广泛地应用于 GSM、CDMA、TDMA 等多种网络中。在移动互联网萌芽期,利用手机自带的支持 WAP 协议的浏览器访问企业 WAP 门户网站是当时移动互联网发展的主要形式。

(2) 市场竞争:移动梦网催生了一大批 SP 服务商。

2000 年 12 月,中国移动正式推出了移动互联网业务品牌"移动梦网 Monternet",移动梦网就像一个大超市,囊括短信、彩信、手机上网(WAP)、百宝箱(手机游戏)等各种多元化信息服务。在移动梦网技术支持下,当时涌现了雷霆万钧、空中网等一大批基于梦网的 SP 服务提供商,用户通过短信、彩信、手机上网等模式享受移动互联网服务。但由于移动梦网服务提供商存在业务不规范、乱收费等现象,2006 年 4 月,国家开展了移动梦网专项治理行动,明确要求扣费必须用户确认、用户登录 WAP 需要资费提示等相关规范,大批 SP 服务商因为违规运营退出了市场。

### 9.3.2 成长培育期(2008~2011 年)

(1) 技术发展:3G 移动网络建设掀开了中国移动互联网发展新篇章。

随着 3G 移动网络的部署和智能手机的出现,移动网速大幅提升,初步破解了手机上网带宽"瓶颈",简单应用软件安装功能的移动智能终端让移动上网功能得到大大增强,中国移动互联网掀开了新的发展篇章。经过 3G 网络一年多的试点商用,2009 年 1 月 7 日工业和信息化部宣布,批准中国移动、中国电信、中国联通三大电信运营商分别增加 TD-SCDMA、CDMA2000、WCMDA 技术制式的第三代移动通信(3G)业务经营许可,中国 3G 网络大规模建设正式铺开,中国移动互联网全面进入了 3G 时代。

(2) 市场竞争:各大互联网公司都在探索抢占移动互联网入口。

在此期间,各大互联网公司都在摸索如何抢占移动互联网入口,百度、腾讯、奇虎 360 等一些大型互联网公司推出手机浏览器来抢占移动互联网入口,新浪、优酷、土豆等其他一些互联网公司则是通过与手机制造商合作,在智能手机出厂时,就把企业服务应用如微博、视频播放器等应用预安装在手机中。

(3) 商业模式:成熟商业模式亟待规模化应用。

在此期间,尽管苹果公司智能手机成功的商业模式刺激了中国互联网产业界,但由于智能手机发展处在初期,使用智能手机的人群还主要在高端人群阶层,特别是搭载安卓系统的移动智能终端还未大面积应用,原有诺基亚塞班智能手机操作系统支撑的移动互联网应用有限,以至于很多创新的移动互联网应用尽管已经上线,但并没有得到大规模应用,成熟商业模式较少。

### 9.3.3 高速成长期(2012~2013年)

(1) 技术发展:智能手机规模化应用促进移动互联网快速发展。

具有触摸屏功能的智能手机的大规模普及应用解决了传统键盘机上网的众多不便,安卓智能手机操作系统的普遍安装和手机应用程序商店的出现极大地丰富了手机上网功能,移动互联网应用呈现了爆发式增长。进入2012年之后,由于移动上网需求大增,安卓智能操作系统的大规模商业化应用,传统功能手机进入了一个全面升级换代期,以三星、HTC为代表的传统手机厂商,纷纷效仿苹果模式,普遍推出了触摸屏智能手机和手机应用商店,由于触摸屏智能手机上网浏览方便,移动应用丰富,受到了市场极大欢迎。由于手机厂商之间竞争激烈,智能手机价格快速下降,千元以下的智能手机大规模量产,推动了智能手机在中低收入人群的大规模普及应用。在此期间,诺基亚、摩托罗拉等传统手机巨头由于未能充分把握移动互联网发展机遇,未能成功打造移动智能手机产业生态圈,传统手机制造巨头迅速陨落。

(2) 市场竞争:微信快速崛起,成功锁定移动互联网入口。

智能手机的大规模普及应用,激发了手机 OTT 应用,以微信为代表的手机移动应用开始呈现大规模爆发式增长。腾讯公司于2011年1月21日推出即时通信微信服务,截至2013年10月底,腾讯微信的用户数量已经超过了6亿,每日活跃用户1亿。除了腾讯之外,小米推出了米聊,阿里推出了来往,网易推出了易信等即时通信业务,纷纷抢占移动互联网即时通信业务,力图把控移动互联网入口。腾讯公司凭借在桌面互联网时代的社交应用固有的优势,采用手机号码绑定社交应用等技术,实现了在移动端社交应用的快速拓展,让电信运营商等竞争对手措手不及。新浪微博在此期间受惠于智能机普及应用,也得到了快速发展,截至2013年年底,用户规模已经超过5亿,但是后期由于微信的强势快速崛起,以及微博本身商业模式的原因,微博发展出现了迟缓现象。以至于2014年新浪微博登录纳斯达克证券交易所上市时,外界普遍认为新浪微博错过了上市的最佳窗口期。

除了利用即时通信抢占移动互联网入口之外,各大互联网公司都在推进业务向移动互联网转型。除了腾讯推出微信之外,阿里、百度等其他互联网公司也加快移动互联网转型。阿里加大了手机淘宝和手机支付宝业务推广力度,2013年"双11"购物节,手机淘宝的整体支付宝成交额同比增长560%,单日成交笔数占比整体的21%,同比增长420%,截至2013年年底,手机支付宝用户数量超过1亿。由于微信支付的快速发展,支付宝和微信展开了移动支付争夺大战。百度也加快将搜索等业务向移动端迁移,推出了手机搜索、手机地图等各类手机应用。除此之外,新浪、网易等传统门户网站也加快了在移动端布局,纷纷加大手机端新闻APP应用推广力度。

(3) 商业模式:打通渠道和锁定场景成为该时期商业模式竞争的本质。

小米、乐视等互联网公司更是创新了智能手机的营销模式,打出了不靠手机硬件、靠手机服务挣钱的"智能手机+互联网服务"新商业模式,依托高性价比的智能手机作为载体,加大公司互联网服务应用的推广力度。例如,在小米手机上,几乎所有预安装的服务都是小米公司自己的服务,小米手机上既有小米应用程序商店,也有小米即时通信应用米聊和小米视频服务等。小米这种"智能手机+互联网服务"商业模式创新在当时获得了巨大的成功,小米公司迅速成为互联网公司中新秀。得益于小米公司的巨大成功,雷军的互联网思维广为社会各界传颂。另外,滴滴打车、今日头条等一大批基于移动互联网应用服务创新和商业模式创新的应用在此期间大量涌现,极大地激发了投资界对移动互联网应用的投资兴趣。

### 9.3.4 全面发展期(2014年至今)

(1) 技术发展:4G网络建设将中国移动互联网发展推上快车道。

随着4G网络的部署,移动上网网速得到极大提高,移动应用场景得到极大丰富。2013年12月4日,工信部正式向中国移动、中国电信和中国联通三大运营商发放了TD-LTE 4G牌照,中国4G网络正式大规模铺开。2015年2月27日,工信部又向中国电信和中国联通发放"LTE/第四代数字蜂窝移动通信业务(FDD-LTE)"经营许可。4G网络建设让中国移动互联网发展走上了快速发展轨道,截至2016年5月底,中国4G用户已经达到5.8亿,4G用户数占移动电话总用户数比例达到44.6%。同时,根据CNNIC数据显示,截至2016年6月底,中国移动互联网用户已经达到了6.56亿。

（2）市场竞争：移动互联网成为各行各业开展业务的重要驱动，应用场景层出不穷。

由于网速、上网便捷性、手机应用等移动互联网发展外在环境问题基本得到全部解决，移动互联网应用开始全面发展。桌面互联网时代，门户网站是企业开展业务的标配，移动互联网时代，手机 APP 应用是企业开展业务的标配，4G 网络催生了许多公司利用移动互联网开展业务。特别是由于 4G 网速大大提高，促进了实时性要求较高、流量较大需求较大类型的移动应用快速发展，许多手机应用开始大力推广移动视频应用，涌现出了秒拍、快手、花椒、映客等一大批基于移动互联网的手机视频和直播应用。

（3）商业模式：通过补贴壮大用户规模是互联网公司圈地的主要模式。

在此期间，阿里、腾讯等互联网公司围绕移动支付、打车应用、移动电子商务展开了激烈的争夺战。为了推广移动支付，构建强连接的社交关系，腾讯和阿里分别于 2015 年春节和 2016 年春节花巨资利用央视春节晚会进行大规模推广。腾讯和阿里还围绕移动电子商务展开了激烈竞争，腾讯为了弥补自己电子商务发展短板，2014 年 3 月战略入股京东，并将微信作为京东移动电子商务入口。阿里更是加大了手机淘宝、手机天猫、手机支付宝的推广力度，2015 年"双 11"节期间，其中客户端交易量占据了 68%。京东、苏宁等为了推广钱包服务，采取了支付补贴的方式来吸引客户安装。滴滴打车和快的打车更是为了争夺用户开展了旷日持久的打车补贴大战，最后由于打车补贴损害了双方共同投资者的利益，在资本的干预下，两个昔日厮杀的竞争对手最后合并。滴滴和快的合并之后，滴滴出行和 Uber 之间又开始了补贴大战。

## 9.4 移动商务的特点

移动互联网的特点"小巧轻便"及"通讯便捷"两个特点，决定了移动互联网与 Pc 互联网的根本不同之处，发展趋势及相关联之处。可以"随时、随地、随心"地享受互联网业务带来的便捷，还表现在更丰富的业务种类、个性化的服务和更高服务质量的保证，当然，移动互联网在网络和终端方面也受到了一定的限制。与传统的桌面互联网相比较，移动互联网具有几个鲜明的特性：

（1）便捷性和便携性。

移动互联网的基础网络是互通的网络，GFRs、3G、4G 和 WLAN 或 WIFI

构成的无缝覆盖,使移动终端具有通过上述任何形式方便联通网络的特性,移动互联网的基本载体是移动终端。顾名思义,这些移动终端不仅仅是智能手机、平板电脑,还有可能是智能眼镜、手表、服装、饰品等各类随身物品。它们属于人体穿戴的部分,随时随地都可使用。

(2) 即时性和精确性。

由于有了上述便捷性和便利性,人们可以充分利用生活中、工作中的碎片化时间,接受和处理互联网的各类信息。不再担心有任何重要信息、时效信息被错过了。无论是什么样的移动终端,其个性化程度都相当高。尤其是智能手机,每个电话号码都精确地指向了明确的个体,使移动互联网能够针对不同的个体,提供更为精准的个性化服务。

(3) 感触性和定向性。

这点不仅仅只体现在移动终端屏幕的感触层面。更重要的是体现在照相、摄像、二维码扫描,以及重力感应、磁场感应、移动感应、温度、湿度感应等无所不及的感触功能。而基于LBS的位置服务,不仅能够定位移动终端所在的位置,甚至可以根据移动终端的趋向性,确定下一步可能去的位置,使相关服务具有可靠的定位性和定向性。

(4) 业务与终端、网络的强关联性和业务使用的私密性。

自移动互联网业务受到了网络及终端能力的限制,因此,其业务内容和形式也需要适合特定的网络技术规格和终端类型。在使用移动互联网业务时,所使用的内容和服务更私密,如手机支付业务等。

(5) 网络的局限性。

移动互联网业务在便携的同时,也受到了来自网络能力和终端能力的限制:在网络能力方面,受到无线网络传输环境、技术能力等因素限制;在终端能力方面,受到终端大小、处理能力、电池容量等的限制。

以上这五大特性,构成了移动互联网与桌面互联网完全不同的用户体验生态。移动互联网已经完全渗入人们生活、工作、娱乐的方方面面。

## 9.5 移动商务的效益

移动商务涉及的层面非常广大,故以下我们将列几点分项探讨移动商务所带来的效益。

(1) 传输无线化。

不像有线的宽带，或是窄频网络必须受限于个人计算机的定点、与传输线路的限制，无线网络可以让用户通过随身携带的通讯设备，随时随地只要想连接上网，都可以满足消费者的需求。

(2) 联机快速化。

速度的提升到了第 4 代后，就可以达到大幅提升的目的。届时，用户不但能享受高频宽与低费率的优点，也可以节省联机时所花费的时间，并且提供"Always-on"的联机方式。

(3) 追踪便捷化。

通过移动商务的网络，用户的位置都可以随时追踪并且定位，此功能提供的商机无穷。例如，用户可以了解距离最近的加油站位置，也可通过导航服务的系统来避免交通巅峰（此项服务已在欧洲推广）。

(4) 使用个人化。

无线上网的设备比个人计算机更具个人化的特色，因为计算机会被共享，但是要与人共享同一台移动电话或个人数字助理的可能性就降低许多。这种个人化的特色，将是移动商务在发展时的一项利器，让企业得以从事个人化营销与个人化服务。

(5) 信息保密化。

一般的观念为，移动通讯网络的安全性会比目前的有线互联网高出许多，这都是靠 SIM（subscriber identity module）智能卡及各种加密技术所赐。SIM 指的是在 GSM 移动电话内的一小张智能卡，里面包含用户的电话账户信息，可以随身携带并插入任何一支 GSM 移动电话中使用。

由以上五点移动商务的效益可发现，对于使用者而言，移动商务会提高个人生活的方便化、自由化与个人化；另外，对于企业而言，企业也可以因为导入移动商务，而增加顾客信息的正确性与效率性，并借着准确的顾客分析进而得以提高顾客的忠诚度。

## 9.6 移动商务与电子商务的差异

由前述的定义中，可以发现移动商务是移动通讯结合电子商务的一种信息产品。但是若要再加以细分，可发现移动商务与电子商务、E 化以及 M 化间仍有差异，如表 9-1 所示。

表 9-1　　　　　　　　电子商务和移动商务的比较

| 企业范围＼设备 | 企业外部 | 企业内部 | 企业内部加外部 |
|---|---|---|---|
| 有线 | 电子商务（EC） | 企业内部电子化（E化） | 电子商业（E-business） |
| 无线 | 移动商务（MC） | 企业内部移动化（M化） | 移动商业（M-business） |

（1）电子商务（E-commerce）。

所谓电子商务（EC），是指在企业外部运用有线通讯设备来进行的商业模式，如用计算机上奇摩网站购物等。从基础结构上来看，电子商务是以PC/Notebook为主，必须通过线路的方式来传输信息，因此，便利性的确不及移动商务。但在上网方面，它通过声卡及显示卡来连接多媒体，所以大量数据传输时没有太大的问题；加上联机时间比通话费率还低，使用者每次一上网便可能连接三小时以上。换句话说，正由于电子商务的上网时间、速度都比移动商务来得便宜、快速，致使电子商务比移动商务普遍许多。

（2）移动商务（M-commerce）。

所谓的移动商务（MC）是指在企业外部运用无线通讯设备所进行的商业模式，如用手机上网采购等。从基础结构上来看，移动商务是以WAP Phone/Smart Phone/PDA为主，因此屏幕极小；但它不需通过线路就可以传输信息，对于消费者来说相当的便利。在上网方面，它是由数据卡来联机到入口网站，速度大约为9.6K，所以联机时间较长、通话费高，自然而然就不会普遍被采用。而到目前为止，移动商务仍属于一种刚推出的新产品，因此，不论是在技术上或是在结构上仍有待加强。但也不可否认，将数据处理的可行性延伸到各个角落，将是一股挡不住的潮流。

（3）企业内部电子化。

所谓的企业内部电子化（E化）是指在企业内部所运用有线通讯设备来进行的模式，如ERP（企业资源规划）等。由于E化带给企业的好处远远超过其建构成本（如结账时间由十天缩减为三天等），因此，目前已有许多企业着手进行企业电子化的工作，而政府也正支持企业进行ERP工作。

（4）企业内部移动化。

所谓的企业内部移动化（M化）是指在企业内部所运用无线通讯设备来进行的模式，如SI Club（system integration club）。M化的方式是由系统整合，使企业在推动企业电子化过程中，融入无线上网传输系统和平台。它的功用是让企业内员工可通过手机直接收发电子邮件、获取企业内部网络的讯息，而不受限于企业内部有线的网络设施。

因此，E化与M化之间最大的不同点在于，移动商务可凭借手机等无线通讯设备的高移动性，使消费者可以不需在特定地点上网。

（5）电子商业（E-business）。

所谓的电子商业指的是，整合企业内部的电子化，并扩增到企业与企业及企业与消费者之间的交易流程中，其目的是要加强企业之间、企业与消费者之间的互动性，与彼此之间的数据分享性。

（6）移动商务（M-business）。

Kalakota和Robinson对于移动商务提出一个简单的定义：移动商务将为互联网导入无线化并加上电子商业的功能。即移动商务是经由科技，将讯息传输到每一个角落，此时，需求者只要拥有通讯设备就可以轻松地接收，而不必局限于任何的限制，以此提高信息传输的方便性。

由以上可知，电子商务及移动商务之间最大的差异便是在于方便性，移动商务的传输不必靠任何的传输中介方式，都可以传输到使用者的通讯设备中，供使用者查询及使用。

## 9.7 移动商务的发展趋势

（1）移动互联网产业呈现快速增长，整体规模将实现跃升。

移动互联网正在成为我国主动适应经济新常态、推动经济发展提质增效升级的新驱动力。当前，国内经济疲软，规模不经济导致经济增速减缓。移动互联网行业却逆流而上，以创新驱动变革，以生产要素综合利用和经济主体高效协同实现内生式增长，发展势头强劲。我国移动互联网市场规模迎来高峰发展期，总体规模超过1万亿元，移动购物、移动游戏、移动广告、移动支付等细分领域都获得较快增长。其中，移动购物成为拉动市场增长的主要驱动力。受市场期待和政策红利的双重驱动，移动购物、移动搜索、移动支付、移动医疗、车网互联、产业互联网等领域的蓝海价值正在显现。未来，移动互联网经济整体规模将持续走高，移动互联网平台服务、信息服务等领域不断涌现的业态创新将推动移动互联网产业走向应用和服务深化发展阶段。

（2）移动互联网向传统产业加速渗透，产业互联网将开启互联网企业新征程。

大数据、云计算、物联网、移动互联技术的创新演进正在拓宽企业的组织边界，推动移动互联网应用服务向企业级消费延伸。传统制造企业正在积极拥抱移动互联网，深化移动互联网在企业各环节的应用，着力推动企业互联网化转型升级。面向传统产业服务的互联网新兴业态将不断涌现。新兴信息网络技术已经渗透和扩散到生产性服务业的各个环节，重构传统企业的移动端业务模式，催生出各种基于产业发展的服务新业态，加快对医疗、教育、旅游、交通、传媒、金融等领域的业务改造。移动互联网发展不断引领传统生产方式变革，产业互联网开启新征程。

移动互联网利用智能化手段、将线上线下紧密结合，实现信息交互、网络协同，有效改善和整合企业的研发设计、生产控制、供应链管理等环节，加快生产流程创新与突破，推动企业生产向个性化、网络化和柔性化制造模式转变，推动了产业互联网的智能化、协同化、互动化变革，实现了大规模工业生产过程、产品和用户的数据感知、交互和分析，以及企业在资源配置、研发、制造、物流等环节的实时化、协同化、虚拟化。

（3）移动互联网应用创新和商业模式创新交相辉映，新业态将拓展互联网产业增长新空间。

随着移动互联网的崛起，一批新型的有别于传统行业的新生企业开始成长并壮大，也给整个市场带来全新的概念与发展模式，打破了固有的市场格局。互联网思维受到热捧，各行各业开始了在移动互联网领域的各种"创新""突破"之举，以求实现真正的突破。在传统工业经济向互联网经济转型过程中，旧有的社会经济规律、行业市场格局、企业经营模式等不断被改写，不可思议地叠加出新的格局。在制造业领域，工业智能化、网络化成为热点；在服务业领域，个性化成为新的方向；在农业领域，出现"新农人"现象。

（4）移动互联网正在催生出新的业态、新的经济增长点、新的产业。

当前企业越来越重视引入移动互联网用户思维，挖掘市场长尾需求，后向指导生产，探索企业增值新空间。移动支付、可穿戴设备、移动视频、滴滴专车、人人快递等新的应用创新和商业模式创新不断涌现，引发传统行业生态的深刻变革。从零售、餐饮、家政、金融、医疗健康到电信、教育、农业，移动互联网在各行业跑马圈地，改变原有行业的运行方式和盈利模式，移动互联网利用碎片化的时间，为用户提供"指尖上"的服务，促成了用户与企业的频繁交互，实现了用户需求与产品的高度契合，继而加大了用户对应用服务的深度依赖，构建形成"需求—应用—服务—更多服务—拉动更大需求"的良性循环。随着企业"以用户定产品"意识的提升、移动互联网用户黏性的增强和参与热情的高涨，未来，移动互联网应用创新和商业模式创新将持续火热，加速推动各行各业进入全民创造时代。

## 数位实证解读

### 8天创造8200万元在线销售，晶华如何让老饭店变身大电商

2017台北国际旅展刚落幕，晶华酒店单单靠在线销售，8天内就做出将近8200万元的业绩，表现更胜实体旅展，甚至这8天的业绩可能已经高过许多品牌电商的全年营业额。而这还只不过是晶华过去几年来在数字升级的一部分成果而已。

**不只营销要变，基础建设也要数字化升级**

面对新饭店如雨后春笋般冒出，已经营运26年的晶华酒店很难在硬件上占优势，但如果从数字科技应用的角度来看就不同了。如晶华是最早利用LINE@这样的社群工具做客户经营的饭店，也成功创造出如饭店试睡员等不少话题。

另外，随着影音时代的来临，晶华在2年前新增影音人员的编制，经营YouTube、Instagram等社群账号，并推出如《舌尖上的晶华》这样的节目。还有最新一项尝试，是晶华率先于婚宴服务中，提供可以现场玩游戏、送LINE贴图，增添喜宴趣味的LINE NOW。在数字营销这个领域，晶华可以说是在国内五星级饭店中，走得比较前面的。

不只如此，过去几年晶华其实也在基础建设做了很大的数字化升级，包括建立集团自己的订房系统、网购平台，还有餐厅订位系统等。台北晶华数字营销部资深经理陈胜璨表示，"我们是第一家台湾自己有订房系统的集团。"还有在网络上卖餐券，晶华也走在前面，"我们一直在慢慢做这件事

情,很多东西都是饭店蛮创新的。"

但晶华绝不是只为了追逐数位潮流而做数字化,陈胜璨强调,所有的改变,其实都要从两个方面出发:第一,更贴近顾客的需求。"董事长常说企业理念就是将心比心,你有没有把自己当作客人来想?如果我是客人会不会需要这东西?"但只有这样还不够,陈胜璨强调:"我一直觉得要帮客人,也帮到自己人才有意义。"成为内部员工更好的支持和助力,而不是带来更多的麻烦,也是晶华在评估每一项数字化项目的重要考虑。

### 从客户需求发想,自营购物网站

以卖餐券为例,最初之所以会兴起在网络上开卖的想法,其实是来自晶华丽晶酒店集团董事长潘思亮。因为潘思亮发现许多消费者为了抢购晶华热门的自助餐券,会一大早到美食展或旅展现场排队,在他看来,让客人这么做太辛苦。"为什么不让客人去网络上买?"他问,于是开始这项计划。值得一提的是,在晶华的数字化发展中,潘思亮一直扮演着相当重要的推手。

图片来源:截自晶华丽晶酒店集团网站

后来不只是卖餐券,晶华也自己架设购物网站,开始卖起粽子、火鸡、饼干、蛋糕等各式各样的商品。现在当有消费者在晶华的现场吃到喜欢的餐点,如冷冻牛肉面,现场服务人员也会告知消费者可以上网订购,将商品直接宅配到家,而不一定要从现场提大包小包回去。

陈胜璨骄傲地说:"我们在之前就比PChome还要厉害了。"他所谓的厉害,是指从饭店的实际服务经验出发,设计出更符合消费者购买需求的平台。以粽子为例,过去可能只能一盒一盒地卖,但他们发现有很多客人其实只想买两颗、三颗,未必能凑成一盒,而这又会影响到运费,所以他们就设计出可以计算单颗运费的选项。

"我们也经历过很惨的时候。"陈胜璨形容，上次在官网开卖人气蛋糕 Lady M 时，第一次体验到卖五月天门票那种感觉。

**为客户也为员工，自建在线订房系统**

而晶华又为什么不和多数饭店一样，以和第三方订房系统业者合作的方式，提供官网订房服务，选择自己投资开发系统？

一方面，因为晶华丽晶集团旗下饭店在前几年就已经达到十多家的规模，有本钱开发自己专属的系统，而不必迁就于市面上泛用的系统。陈胜璨指出，他们过去使用的订房系统，是做给小到只有 10 个房间的民宿，大到有 500 多间房的饭店都可以使用的，这样的系统无可避免会有很多不符合需求的地方。他举例，现在晶华订房系统已经可以做到浮动价格，也就是上午看到的房价可能因为期间订房需求增加或减少，在下午出现不一样的报价。这就是过去他们用外部系统做不到的。

但执行这项计划更重要的是，他们发现做这件事确实可以解决订房组人员的痛点，也提高消费者完成订房的比例和满意度。

陈胜璨印象很深刻，曾有太鲁阁晶英的同仁告诉他，每次接听一通订房电话，经常要花上半小时的时间处理，因为客人会询问接驳车信息、周边景点、晚餐订位、小孩加床是否加价等连串问题，所以一天可能接 7～8 通电话就已经是极限。但现在通过晶华订房系统，就可以在流程中解决多数疑问，也大大减少需要人工说明的时间。

另外，更顺畅的订房流程，也提高客人回购的机会。他指出："客人直接跟饭店订房，这对饭店来讲最重要，建立品牌忠诚度。"更具体一点地说，唯有消费者直接通过晶华官网订房，他们才能搜集更完整的数据，同时也可以将原本要支付给 OTA（online travel agent）的佣金，直接回馈给消费者，如提供在官网订房就送 600 元购物金等方案。

当然，因为饭店订房还是有很高的比例是来自旅行社，所以目前官网直接订房的占比还不算太高，但相较于过去只有不到 10%，现在则是已经拉高到 20%。

**从营运痛点出发，开发在线订位服务**

而晶华决定开发在线订位系统的缘由，是来自台北晶华热门的自助餐厅栢丽厅。

"我们栢丽厅是一本很大的本子，你打电话来，我就在上面写，你取消我再删掉。为什么要做订位，很大原因是当栢丽厅两年前重新开幕的时候，发生很恐怖的事情。"陈胜璨记得，当时因为订位纪录多达几十天，有消费者打电话来要取消，却忘记自己订的是哪天，现场人员也不知从何找起，才让他们下定决心开发系统。

图片来源：截自晶华丽晶酒店集团网站。

不过改变难免会有阵痛期，当时就有同仁问陈胜璨能否让现场订位本与在线系统并行。但他的回应很果决："我说千万不行，如果你保留那个本子，你就会永远靠那个本子。"所以后来采硬性规定，要求所有订位，不论是在线订还是电话订来订的，都要回到系统做更新。

而当这套订位系统已经通过被陈胜璨形容为"全世界最复杂的栢丽厅"的考验后，他们也陆续推广到晶华的其他餐厅使用。

**不为数字而数字，符合客人与员工需求是大前提**

值得注意的是，晶华过去这些年来虽然做了许多数字化的工作，但在过程中其实也筛选掉很多数字化选项。就像是晶华虽然早就在在线卖餐券，却迟迟还没有提供电子票券，而是要以纸本寄出。主要就是考虑到，在还没找到最佳解决方案前，不能让前端作业的方便，变成后端财会人员的痛苦。

对于要不要开发新系统或使用新数字工具，陈胜璨有自己一套原则：

"我一直觉得说,如果引进一个东西看起来很厉害,结果要花更多人力或资源和时间去完成原本可以做的工作,那就没有太大意义。"

### 雀巢以多元化移动营销策略达到最大品牌效益

雀巢(Nestle)为一国际性的食品制造业,企业旗下有许多形形色色的品牌与产品,从速溶咖啡粉、巧克力饼干、即食性调味饮品,到宠物食品,应有尽有。对雀巢而言,营销目标主要为建立品牌(branding),与消费者建立依产品种类不同的长期或短期关系,让旗下产品得到最大的市场占有率。为了强化品牌,雀巢总愿意尝试各项新的营销工具,近期,更依据旗下的不同种类产品,选择了或是单独使用移动配备与无线网络来进行广告宣传造势,或者是结合传统营销工具与无线通讯来进行广告宣传活动。

雀巢新上市的即食性调味牛奶饮品 Nesquik,设定的主力消费市场为欧美青少年,进行的方式是与英国移动营销业者合作设计 SMS 文字内容,鼓励手机用户上网站浏览有关 Nesquik 的数据,而后就能够得到奖品。同时雀巢也与网络巨擘 AOL(美国在线)合作举办有奖竞赛游戏,例如,在新上市的 16 盎斯与 32 盎斯 Nesquik 塑料瓶上都有一组编号,消费者可以在网站上输入此组号码来确认自己是否为幸运的中奖人,奖品包括福特轿车、DVD 播放器、家庭电影院录像带组及 Nesquik 相关产品等。

雀巢认为,将新产品 Nesquik 放在超过 3000 万会员或消费者会登录上网找寻数据或纯粹休闲娱乐的 AOL 网站,能为以年轻消费族群为主力的新产品带来最大的广告效益,达到高度的品牌熟悉性,而若将有关雀巢产品的内容放在网站上,让手机使用者能够方便浏览,对于一般消费者信息取得的便利性将大幅增加。

而为了让企业的整体形象能与时俱进,不再只是局限于传统家庭市场,而能让新生代的青少年消费者对雀巢产生品牌认同,雀巢推出了圣诞假期期间的手机下载在线游戏的活动。为了给予参与活动的青少年亲切感,游戏内容里设计了一个罐头食品及酱料专家的虚拟人物 Branston Pickle 先生,这个虚拟人物的出现,确实扣紧了青少年的兴趣,也是此活动获得积极参与的原因。

此外,雀巢也与微软的 MSN 简讯系统合作,测试针对不同消费族群量身订作 SMS 简讯广告,并加以发送。雀巢视搭配目标市场分析的简讯营销为一种节省成本又有高度效率的搜集信息方式,能让企业更能确切掌握消费市场的特质分析。以公关的角度来看，超过百万的手机用户是一个庞大的消费市场，利用无线通讯营销来与这个消费市场建立良好关系，对企业绝对是一大利好。

雀巢旗下的宠物食品系列也大力使用网站与无线通讯媒介来达到品牌区隔（branding）与品牌熟悉性（publicity）的目标。由于宠物食品的属性特殊，与雀巢其他的零食类产品的冲动性购买模式不同，而是需与消费者，即饲主，建立起一种可以信赖的长期关系，因此品牌认同的理念成为最重要的营销目标。

提供与宠物健康保健相关的信息是一种很容易与饲主有互动的营销手法，因此雀巢为旗下的宠物食物产品 Friskies 和 Purina 系列与 Yahoo！和 AOL 这两个美国主要的入口网站合作，除了架设专属网站外，也在入口网站的广告区刊登广告及提供每日宠物照顾指南，而这些讯息亦能够在饲主的订阅之下，提供每日递送的服务。

雀巢选择网络来作为宣传营销合作伙伴的原因之一，即为据 AOL 统计显示，其数以百万计的使用者中有近七成饲养宠物，因此网络使用者成为雀巢宠物食品的主力市场目标，可以藉由大量的相关讯息提供来造成品牌的专业形象以及让消费者习惯品牌。善加结合网络营销与简讯服务，雀巢确实让广大的宠物饲主们在互联网与无线通讯的网络中，构筑了密不可分的亲密关系。

## 电子商务快报

### 帮你追踪冰箱食物状况，亚马逊
### 一键购买钮开放串联 IoT 装置

如果你是亚马逊（Amazon）的购物常客，应该对于可以"一键下订"的 Dash 按钮不陌生，让顾客可以用更方便、省时的方式重复购买相同的商品。亚马逊在不久前宣布 Dash 按钮的新一步进展，将释出虚拟 Dash 按钮的软件开发工具包（SDK），开放第三方厂商在有屏幕装置的连网装置上，整合亚马逊的 Dash 订购系统。

**一键下订，从实体走向虚拟化**

Dash 按钮（dash button）是亚马逊在 2015 年推出的一款"一键点击购物

按钮"，用户可以将这款实体按钮黏在家用品区的墙壁上，按钮上的图案对应产品品牌，在第一次使用前设定商品种类和数量，在备品需要补充时，只要按钮连上 Wifi 轻松一按，商品就会送到家中，免除出门采购、上网下订的程序。

Dash 按钮服务仅限黄金等级会员（prime member）使用，因为实体按钮占空间以及电子耗材环保考虑，亚马逊去年将 Dash 按钮虚拟化，Prime 会员可以在网站或是 App 上，看到依据近期消费记录自动产生的数个虚拟 Dash 按钮，省去额外花钱购买 Dash 按钮的麻烦，在线就能直接点击按钮下单。

**释出开发工具包，Dash 按钮进一步走入智能家庭领域**

本周亚马逊宣布 Dash 按钮发展的下一步，提供"虚拟 Dash 按钮"服务（VDBS）的开发者套件（SDK），未来将允许第三方厂商在任何拥有屏幕的联网装置上，开发自己的 Dash 按钮。

"当你打开冰箱发现常吃的食物没有时，心情一定会感到沮丧，新的 Dash 按钮服务将利用物联网优势，让设备来追踪食物的供给，确保永远不会出现必需品不足的状况。"亚马逊智慧家庭业务副总裁丹尼尔·劳奇（Daniel Rausch）表示。

图片来源：Amazon 网站。

虚拟 Dash 按钮开发者套件，让亚马逊服务进一步走入智慧家庭领域，任何厂商只要想将自家产品整合亚马逊 Dash 按钮系统，都可以自行利用开发者套件办到。家电品牌惠而浦就表示，未来将在智慧冰箱中加入亚马逊虚拟

Dash 按钮，让用户可以直接在冰箱门上的屏幕订购所需食材。

亚马逊表示，平均每分钟至少有超过一笔订单是来自 Dash 按钮，根据统计最热销的商品是洗衣液以及卫生纸，显示 Dash 按钮用户相当活跃。对 Prime 会员来说，这项新服务整合到各项智能家居装置中应该会相当便利，亚马逊表示，虚拟 Dash 按钮发者套件预计在几个月后开始免费开放下载。

**连 Facebook 粉丝团、电商网站都能买 FlipWeb 帮你卖"网络财产"**

大至建筑物、岛屿，小到螺丝、钢珠，举凡摸得到的东西，几乎都有人想要买卖。那如果是看不见的商品呢？

网络世界里常见的虚拟资产，过去以域名（domain name）和游戏代币、宝物居多。如国际网域拍卖网站 GoDaddy、中国台湾宝物交易网 8591 都是相当成熟的业者。

"中国台湾的品项远比其他国家多。" FlipWeb 共同创办人林克威说，相较于美国 Empire Flippers 专卖各式网站、中国 A5 交易以网站和公众账号为主，中国台湾的电商平台、拍卖账号还有 App 数量其实很惊人，只是交易风气与接受度还没起来而已。

林克威是连续创业家，过去在美国波士顿工作时，曾创立汽车信息网站，回台后再成立 99Job 外包网，媒合工程师与案主。由于与工程师经常密集合作，他发现这些人才有优秀的技术和不少"口袋作品"，可能因为缺乏时间、不懂营销，就把 App 搁置在计算机里，因此兴起了再创业念头，希望让这些虚拟资产有机会可以兑现。林克威找来自己的姐姐林妍廷，借助她在纽约工作的市场营销经验，两人在 2017 年 9 月创立 FlipWeb 网站，上线时间虽短，委托销售总额已经来到 1500 万元，算是小有成绩。林克威表示，平台目前以电商网站和粉丝专页的案件最多，购买理由不外乎转换产业、减少前期营销成本等因素。另外，也有些是线下店家跨行在线经营。

**乐当虚拟中介，提供估价免费**

但要如何知道自己的虚拟资产值多少钱？FlipWeb 主要判断会以"可公开观测"粉丝数、流量为主要参考，像是 Alexa 网站流量排名、社群粉丝数字、用户黏着度等，再加上卖方提供的营收数字，透过公式加总评估价值。目前，他们的资产估价服务是免费提供，收入来自个案成交价的一至两成金额。

"我们就像是虚拟世界的房仲。"林妍廷笑说，其实网络资产的交易方式就像买卖房屋，卖方心中会有一个底价，经过 FlipWeb 评估后，再提供建议售价，摆在网站上兜售。不过，因为台湾市场小，目前尝鲜的卖家多半不愿意公开摆上信息与价格，而是希望透过平台私下中介交易，"就怕被猜到自己是谁。"

　　林妍廷强调，为了帮助卖家能找到认真买主，平台参考房屋买卖做法，会收取案件售价 5% 到 10% 的斡旋金（请求中间人代为奔走协调所需之费用）。但因为没有像实价登录这种相对客观的第三方鉴价机制，她表示有时候确实会出现"卖方开高价、买方担心买空壳"的情况。

图片来源：FlipWeb 网页。

　　"拥有虚拟资产的人，其实很在意价格变化，就像股票一样，如果要卖，当然希望是最高点脱手。"林妍廷表示，FlipWeb 除了不断调整估价算法外，希望一步步建立评估认证外，也正在开发"自动估价标"系统，期待能让 2018 年的委托贩卖金额突破 1 亿。而就像房仲的表现，牵涉景气好坏与案件质量，FlipWeb 也需要面对虚拟资产需求的起伏，以及"这些好东西"未来会不会持续出现的状况。

# 第 10 章　群媒体与社群商务

## 10.1　导　　论

随着流量成本的居高不下，流量为王、竞价排名等盈利模式的弊端不断涌现，越来越多入驻传统电商平台的商家难以承受巨额的流量运营成本，传统电商逐步面临发展"瓶颈"。面临发展困境，传统电商企业开启了疯狂的"造节"活动，如人们耳熟能详的"双 11""618"等促销活动应运而生，但是"羊毛出在羊身上"，商家需要支付绝大部分的让利成本，以至于很多商家抱怨"只走量，不来利"，并不能从根本上解决传统电商的发展"瓶颈"。

同时，QQ 社群、微博、微信等社交媒体的出现，以及移动互联网的发展逐步成熟、在线支付系统逐步完善，"80 后""90 后"年轻一代中国人成为网民主力军，用户需求和社交方式的改变以及网络社群长尾市场价值被挖掘等多方助力同样推动了网络社群的迅速发展，社群电商快速发展起来。所谓的社群商务模式，主要是通过构建全国重要社群平台及微众自身社群平台，建立以群体消费者为主导的商品入驻体系，最大限度地降低社群消费者选择商城商品的时间成本，让购物更便捷。从 QQ 社群到微博再到微信，再到近期火爆的"直播平台"，社交群体的多元化表现形式，给面向各种社群发展的社群商务提供了有力的发展条件，对于打破传统电商平台垄断模式具有重要意义。

## 10.2　社群媒体

社群媒体又称为社会化媒体，是以 Web2.0（互联网 2.0）的思想和技术为基础的互联网应用。用户可以借此进行内容创作、情感交流与信息分享，从而使个人成为互联网世界的真正核心，它具有参与性、公开性、交流性、对话性、连通性和社区化等几个基本特征。

社群是指相互关联且具有独特表现形式的社会关系网络，是一群人基于共同的使命和愿景（内容、兴趣、目标等）而形成的组织，并通过共同的仪式来强化群成员间的认同感。一个社群形成的基本规律是：首先通过内容来吸引用户，再通过内容（内容即围绕使命和愿景而产生的）筛选用户组成群成员，形成社群。社群成功运行后，又源源不断地产出优质内容。也就是说，社群通过内容吸引群成员，而内容又是由群成员共同产生（见图10－1）。

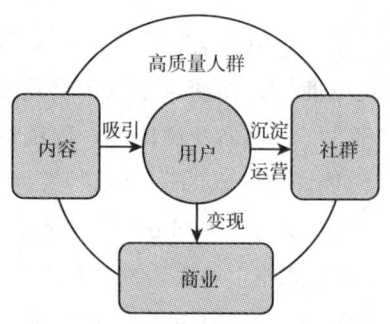

图10－1　社群媒体生态运作

媒体是会随着人与人之间交换信息的方式的变化而变化的。在"1对1"信息交换时代，我们有电话电报媒体；在"1对多"信息交换时代，媒体变成了广播电视；而如今的"多对多"信息交换时代，相应地则产生了互联网媒体。社群是典型的"多对多"信息交换，因此，伴随着社群的产生而产生的社群媒体，是媒体随着人类信息交换形式的变化而自然演变出来的结果。

既然社群成为人类新的和必然的组织方式，而新的组织方式必然会产生新的媒体形式，因此，媒体则必然会演化出社群媒体。通俗点说，社群媒体是媒体的未来方向，主要是基于以下三个原因：

第一，从基础设施方面来看，互联网和社交网络的发展为社群媒体的爆发提供了必要条件。从道路运输到电话电报，再到互联网连接一切，人与人信息沟通的效率大增、成本大降，特别是互联网发展到社交网络时代，Facebook、微信等社交软件的出现使得创造内容和传播内容的成本变为零，建群的成本也变为零，社群媒体"内容→用户→社群→商业变现"的运作模式很容易就能实现并形成大循环，普通的自媒体人和创业者都能达成。

第二，从商业的本质来看，互联网20年的大机会归根结底都是媒体的变革。事实上，互联网的演变反映的正是媒体形式的演变：门户→搜索→社交。而垂直类互联网大企业做的更是媒体的生意：旅游有途牛网，汽车有汽车之家，房产有搜房网，分类信息有58同城等。

第三，从流量红利理论来看，社群媒体可以解决互联网流量枯竭问题，为广大自媒体人和创业者带来新的流量红利入口。现阶段，渠道和流量费用越来越高，商品页面上的每个字每张图都被精雕细琢，只为提高百分之零点一的转化率，单个用户的获得成本已经超过商业的实际成本。那个靠"流量+转化率"的电商1.0时代已经过去，红利已经消失，市场被寡头瓜分，掌控流量入口的平台方拥有最大的话语权。而社群媒体其"内容→用户→社群→商业"的运作模式中，内容是流量的入口，社群是流量的沉淀，商业是流量的变现，从入口到变现，很好地解决了流量各阶段的问题。同时，我们可以发现，社群媒体的流量成本低、精准，而且始终是自有流量。因此，社群媒体必将是下一个流量红利。社群媒体是媒体发展的必然结果，是社群发展的正确方向。一切内容皆媒体，一切媒体皆生意，社群媒体很好地解决了流量枯竭问题。

## 10.3 社群媒体到社群商务

互联网的双向传播属性打通了企业和消费者之间最短的距离。日本电通公司以互联网对消费者行为的影响为基础，提出数位时代消费者行为理论"AISAS"，阐述网上购买行动的各个阶段：民众因为接收信息而触动认知或注意（attention）商品→服务、萌生兴趣（interest）→进而借由网站搜寻（search）产品信息与评价→发展成购买行为（action）→在网上撰写自己的感想，与他人分享（share）使用心得。在AISAS模式中，因为数位科技生活的普及，整个消费过程中，过去需要透过营销人员揭露产品信息，现在则转变为消费者主动地搜寻与分享，在消费行为的微妙转变下，消费者已由"被动受猎"转为"主动觅物"（见图10-2）。

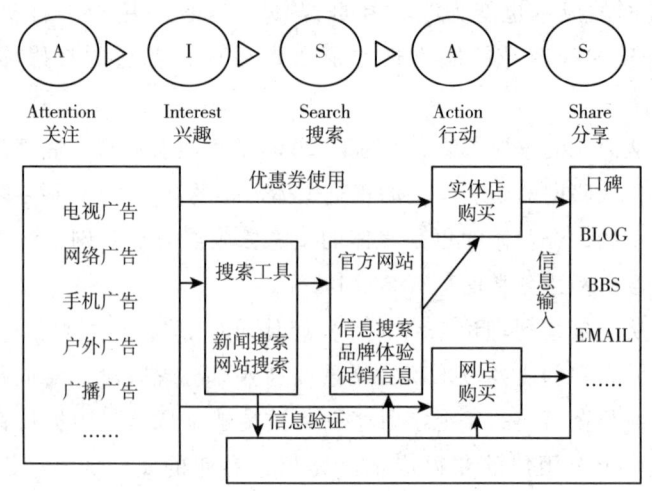

图 10-2 AISAS 模型分析图

资料来源：http：//www.wenjuntech.com/sem-blog/philips.htm。

  在社群媒体的发展之下，用户因为被好的内容吸引，聚集成社群，社群发展壮大，促成更多交易，完成商业变现。人与人之间的关系越来越复杂、紧密，也互相影响彼此的生活与行为，许多消费者购买商品时，会接纳朋友的意见，社群朋友的意见对于消费者最终购买商品的重要性与日俱增，因此结合社群功能与电子商务发展出的互动商业模式——社群商务（social commerce）应运而生。

  社群商务利用社会化媒体充分激活社群沉淀用户，以实现企业的商务活动，借助与消费者的互动，以及社群中消费者彼此的交流，逐渐培养出信任与认同，搭配电子商务的发展，直接衍生商务行为，以致"抓住社群，等于一定程度地套住消费者"。《数位时代》中分析社群商务有七种类型，包括拍卖、募资、团购、陌生网友推荐、购物网站论坛、网友晒单、社群网站的网络。这七大模式强调互动的社群商务，确实可跳脱低价厮杀的红海，靠着粉丝或朋友的黏着与信任，但绝非两者混搭就可创造原有的现金流或人流。社群商务的发展会比电子商务来得更活泼（更分众、更深入、更多互动）、比社群媒体来得更叛逆（需要更久、需要更多尊重空间、可能领导商品的发展）。

  小米手机短短几年实现"弯道超车"，其成功秘诀是产品社群；逻辑思维 B 轮融资估值达到 13.2 亿元，正和岛、黑马会、酣客公社等社群商业的持续变现，甚至超越传统同类型企业，标示着社群商务的真正到来。

小米的成功是天时地利人和，手机的改朝换代、社交的移动化和社群化、B2C 电商的消费习惯成熟期都让小米给赶上并抓住了，于是，"社群媒体+电子商务"产生了魔力，诞生了 C2B 手机预购模式。小米品牌和产品运营的社群化让其供应链变成了动态供应链，让其营销变成了社群口碑营销，从而在前端和后端都发生了历史性变革。滴滴打车正在引发交通领域的全面变革、小米带动手机产业变革、联想农业带动农业领域变革、智能家居带动整个家电产业变革，社群经济实现人与人的连接，实现了人与物的连接，产品需求的社群化把企业的研发模式、生产模式、营销模式给予新的驱动。社群商务不是泡沫，而是互联网经济时代到来的里程碑，联想控股推出创投孵化器——联想之星，联想IT组建自己的新型公司——神奇工场，华为推出自己的互联网手机品牌——荣耀，海尔推动创客平台。我们看到，无论是中小企业和创业者，还是柳传志、任正非、张瑞敏这些可以写进教科书的商业教父，没有人能回避社群带来的新经济创造力。

## 10.4 社群商务的形式与类型

社群商务主要呈现形式包括自媒体、社区两大类。自媒体，泛指私人化、平民化、普泛化、自主化的信息传播者，传播平台包括微信、微博、直播等。典型自媒体商业包括微商（个人、朋友圈、微商、海尔、富士康、苏宁等品牌微商，微卖、微店、拍拍小店等平台微商）、微博导流的淘宝红人店（如张大奕的"吾欢喜的衣橱"等）、直播平台导流的主播网店（如 MISS 的"MISS 大小姐电竞外设店"等）等。社区指专业垂直信息分享"圈子"，根据兴趣将买家、卖家分类并聚合在相应社区及电商平台，通过交流分享撮合交易，如美丽说、蘑菇街、小红书等。

社群商务内容输出大致可分为颜值演艺、时尚品味、专业、泛娱乐 4 大类。

颜值演艺，一般具有校花、校草、模特等鲜明标签，满足粉丝的少女梦、女神梦。时尚品味指的是不落俗套的美妆技巧、旅行度假等潮流分享，如发型达人 Kleif 发型教学视频优酷粉丝 11 万、视频播放量 5799 万。专业能力是指对于大众具有一定挑战性领域的专业解说，以游戏电竞为主；以及对某一特定领域有独到见解的专业人士。泛娱乐包括原创、娱乐、个性短视频、博文等。创新、优质内容是聚焦眼球、粘合粉丝的关键。一方面,内容原创性需要提高;另一方面,符合主流价值观的优质内容比例及商业价值将不断提升。

社群商务大致可分成两种类型。

第一,网站购物社群化。

购物网站结合社群功能,找到特定的社群,满足他们的需求,让使用者利用社群网站账号登入、分享喜欢的商品到自己的页面,尼克·伍德曼(Nick Woodman)创办的运动型摄影相机 GoPro 公司就是一个典型的例子。尼克本身是冲浪的爱好者,他发现冲浪爱好者期待有一台防水、防震,且可以绑在手上的相机,供近距离拍下自己冲浪的英姿。接下来,GoPro 陆续设计了将相机固定在自行车、滑板、潜水服等装备上的外设(peripheral devices),围绕极限运动的拍摄场景,构建出一套完整的产品体系,将产品线延伸到各类极限运动爱好者,满足他们活动时的需求。当极限运动爱好者发现 GoPro 这个专为他们需求而生的品牌时,话题、推荐就在社群里爆发,GoPro 成功地把自己的所有用户变成了自己的广告商。用户可以利用在线平台和社区分享视频,把 GoPro 热潮以病毒式的扩散方式传播给了几乎每一个接触过运动的人,使 GoPro 的业绩不断成长,2014 年 GoPro 公司在美国股市上市,市值达 50 亿美元。

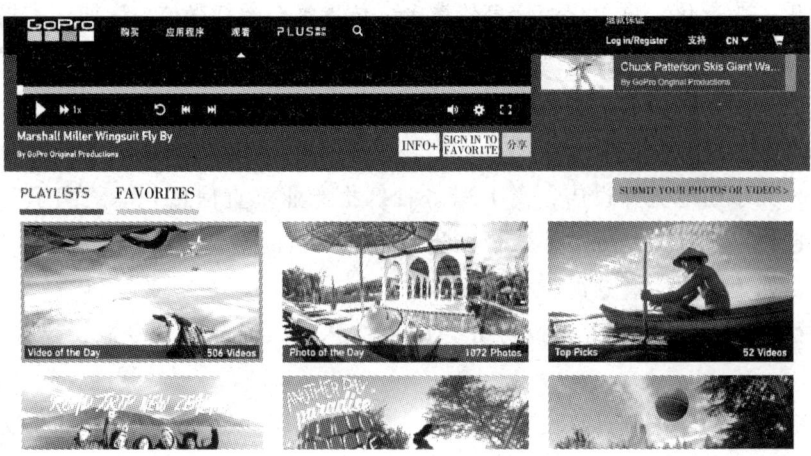

图 10-3　GoPro 公司网页截图

资料来源:GoPro 网站。

第二，社群平台电子商务化。

社群网站结合网络商城，利用本身的会员人数与人气，除贩售与社群相关的商品外，有些也鼓励使用者将任何喜欢的商品分享到网站上。以图片分享类的社群网站"Pinterest"为例，Pinterest 是一个号称"个人版猎酷工具"的美国视觉社交网站，网站创办于 2011 年，目前网站用户增长速度赶上了五年前的 Facebook，是继 facebook、twitter、tumblr 之后，又一个受世界瞩目的网站。Pinterest 名称由 Pin（图钉）+Interest（兴趣）组成，寓意为把自己感兴趣的东西（图片）用图钉钉在钉板（pinBoard）上，让用户不断发现新图片。用户可以按主题分类，把所看到的有趣、喜爱的图片都贴在上面，并与好友分享，当然包括商品。

网站使用的浏览方式为瀑布流形式（pinterest-style layout），画面可以一直往下卷，网页会持续载入，让用户不断发现新图片。Pinterest 可以标价，同时更提供下拉式的搜寻选单，可依销售金额的高低选择礼品。使用"瀑布流"的展现方式，让使用者的黏着度更加提高，由于该网站使用者 80% 为女性，使 Pinterest 俨然成为女性商品的数位目录。购物网站加入社群元素，成功的关键在于如何促使消费者互动，除了需要多设计一些活动或交流机制，以便培养消费者除购物外也能在网站内多做停留。但是如果在社群网站增加购物等商业功能，商业成分之多寡拿捏不易，稍有闪失就可能变成消费者直销商品给自己周遭的朋友，导致社群流失。所以若能精准掌握社群与电子商务结合过程中的各自定位，就能抢得市场先机。

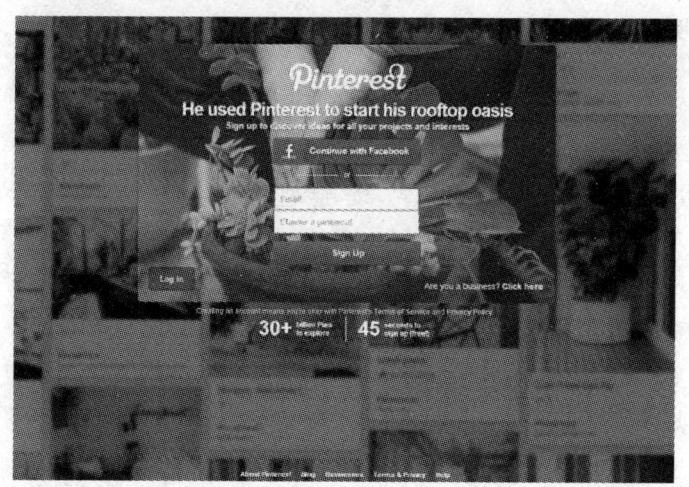

图 10-4　Pinterest 网站平台截图

资料来源：Pinterest 网站。

## 10.5 结　　论

社群商务的形成是以社群为基础，依靠优质的内容输出形成流量入口，从而提供符合社群受众人群属性的商品和服务，实现流量变现。因此，优质内容和流量入口是发展社群商务的重要环节。

在移动互联网时代，电商行业的竞争已经升级为内容和场景的竞争，谁有能力提供消费者感兴趣的内容，谁创造了足够多的购物场景，谁就能够占据主动权。真正的社群商务的成功模式，绝非与现有的平台竞争，而是创造一个与众不同、全新的网路生态来满足新兴信任基础，以更好玩、更快速、更友善的网络世界——交朋友、买东西、话生活、谈梦想，甚至会走在企业的前面，创造出他们想要的商品和服务，甚至创造另一个真正的世界。

## 数位实证解读

### 罗辑思维社群商务发展模式研究

#### 一、罗辑思维简介

罗辑思维是由罗振宇、吴声、申音合作打造的互联网知识社群，主要服务于"80后""90后"有"爱智求真"强烈需求的群体。罗辑思维的口号是"有种、有趣、有料"，提倡独立、理性的思考，推崇自由主义与互联网思维。

罗辑思维的产品形式包括微信公众号、微商城、得到App、付费音频、直播、线下活动等，接入了用户到达的各种最便捷的流量入口，一方面可以保障产品呈现形式的多样性；另一方面可以满足不同用户的体验习惯，提高用户对产品的感知。

罗辑思维的商业逻辑，罗振宇在很多场合都讲过，那就是社群的力量。人类是社群动物，都想要找到与自己有着相同属性的一群人，所以有句话叫作"志同道合"，还有一句话叫作"道不同不相为谋"。在之前的社会，要想

图片来源：优酷网逻辑思维频道截图。

找到与自己属性相同的人是非常偶然的事情，因为成本非常巨大，所以才会出现"伯牙摔琴谢知音"的典故，因为知音太难找了。

而互联网的出现，让找知音这件事情变得简单了许多。另外，"80后"与"90后"大多是独生子女，都是在孤独的环境中长大，与自己的父辈相比有着更加强烈的寻找社群的需要。再加上互联网大潮的来临，使得找社群这件事情在"80后"与"90后"之间变成了一件迫切需要而且可以满足的事情。

### 二、罗辑思维社群经济的发展阶段

罗辑思维社群经济的发展阶段可分为三个阶段，不同阶段罗辑思维的运营重点也不相同。

第一阶段：罗辑思维自媒体的品牌建设阶段。

这一阶段主要是输出脱口秀视频并在微博和微信上进行推广，积累口碑。罗辑思维最初几期的内容均是由团队自己策划完成，吸引到大量观众。但罗振宇在视频节目中也承认，仅仅靠团队自身知识局限很难保证罗辑思维长期高品质内容的产生。

第二阶段：罗辑思维知识社群的形成阶段。

从罗辑思维开放投稿开始，罗辑思维知识社区开始形成。从这时起，罗辑思维开始逐渐发挥自媒体的"互播式"优势。内容方面，罗辑思维将之"众包"给了广大听众，有了前期积累的数十万粉丝，即使只有一小部分与之互动，也能产生相当多的热点和素材。罗辑思维脱口秀视频的内容品质也开始稳固提升，所谈所讲均是社会潮流。

第三阶段：罗辑思维社群经济的探索阶段。

从招募会员开始举行活动即可算是真正的社群经济探索，罗辑思维也将长期处在这个阶段。从招募到会员开始，罗辑思维开始实验社群经济的运作模式。这种模式分为两类：一类是群内互动；另一类是社群电商，就是一起挣社群外的钱。最后，则是向其他产业延伸，形成更大的声势和共振。

群内互动的尝试包括帮会员相亲，女会员附上照片、简介和微信号，在微信公众号上广而告之，征集意中人。社群商务的尝试就是正在进行中的"吃霸王餐"，已经征集到200家单位1万多个席位。通过罗辑思维合作平台的新引力和社群成员本身的人脉，吸引到外部商家免费参与到这些活动中。再如乐视免费提供给罗辑思维会员高清电视作为福利，也正是看重罗辑思维知识社群的吸引力。

这两种模式后续运营方式有很大的想象空间。例如，有会员想找工作，可以很快通过社群内发散到外部找到。再如，许多会员想去旅游、找企业赞助、社群帮助打广告、会员帮助协调组织等，类似的行动召集将是低成本、高效率。组建社群内的人一起来做，在社群内也在社群外互动，这是一件很欢乐的事情。

除了做服务以外，罗辑思维还可能借助社群做产品。例如，推出罗辑思维的月饼，首先在社群内筹资，比方说500份，1份1万元，限会员，一天抢完，筹到500万元资本金。再把月饼的制作包括法律顾问、财务顾问等问题摊开，让会员认领。最后，接受全社会关于罗辑思维月饼的联合定制，挣到钱之后，把参加会员的工资付掉，留下20%做一个公益事业，剩下80%跟原始股东分成。

### 三、罗辑思维的启示及社群电商发展展望

#### （一）内容运营专业化

艾瑞《2016年中国网络新媒体用户研究》显示，有近半用户已经产生对新媒体内容付费的行为或付费意愿，这说明在新媒体付费获得优质内容的用户教育已经初见成效，尚需营销契机来吸引有相当数量消费意愿但尚未完成消费的新媒体用户。

得到App是罗辑思维倾公司之力寻找各知识领域最顶级的专业人士潜心

打磨的知识产品。每周公司邀请得到专栏大咖做客直播室,一场1小时的直播,往往能为该专栏增加近千人的订阅用户。对于这种199元/年的专栏,直播1小时吸金20万元的方式无疑是一种边际成本低,但边际收益极高的产品形态。

从以上分析可以看出,消费者并不缺乏消费能力和消费意愿,而渴求的是真正专业的知识。尤其对知识型社群来说,高水准专业化的知识内容一定是社群电商走向成功的关键。因此,整合资源,投资自媒体人进行优质内容生产,逐渐由UGC(用户生产内容)向PGC(专业生产内容)过渡,是社群商务高效发展的必经之路。

### (二) 平台运营移动化

对用户来说,手机的即时性和移动性为社群互动带来了极大的便利;对企业来说,基于移动端的定位数据、浏览行为和消费行为,为社群积累流量、挖掘需求并最终变现提供了重要依据。一个社群电商的可持续发展不仅需要靠社群关系的维系,更需要持续的盈利能力作为保障。移动化平台的运营,可以为企业实现流量变现和精准营销提供大量资源。

### (三) 品牌运营社交化

罗辑思维把社群打造成了一个品牌,这是作为社群的一个重要支撑点。"做有灵魂的知识社群"这一独特清晰的品牌定位,可以极大限度地吸引相近群体的聚集。

由社群作为媒介发起的线下活动,有助于强化联系、深化互动,维持社群的生命力。高质量的线下活动可以帮助企业扩大品牌影响力、增强竞争力,同时,也会不断吸引有相同价值观和兴趣爱好的人加入社群,形成健康、持续的良性循环。在此过程中,每一个消费者逐渐成为企业价值和用户价值的共同创造者。

自媒体的核心是基于普通民众对信息的自主提供与分享,一个人的传播能力再强也不及百万用户的几何级传播。打造社交化的品牌运营机制,使用户不仅仅是消费者,更是品牌的传播者、推动者和投资者,从而用互动服务黏住用户,用高效连接实现价值共创。

当社群商务实现了内容生产、内容传播、内容消费的全生态布局,也就预示着这个平台的未来前景会走向光明。

(王媛,中国市场,2017年第34期)

# 盘点五大社群商务经典案例

## 一、小米：让用户深度参与，从粉丝经济到社群经济

小米从粉丝经济过渡到社群经济的历程并不顺遂，但作为最早打造出社群的案例，仍给后进者不少启示。在创立之初，小米就定位于"走群众路线"，通过为用户营造参与感，打造"100 个梦想的赞助商"并借助社会化媒体形成了早期种子用户爆发。

早期做 MIUI 时，雷军说要不花钱将 MIUI 做到 100 万用户。于是黎万强就通过论坛做口碑：满世界泡论坛，找资深用户，最后选了 100 位超级用户，参与 MIUI 的设计、研发、反馈，也就是小米所谓的"100 个梦想的赞助商"。雷军每天会抽出一小时回复微博上的评论。每个工程师每天要回复 150 个帖子。而且，在每一个帖子后面，都会有一个状态，显示这个建议被采纳的程度以及解决问题的工程师 ID，这给了用户被重视的感觉。中期小米还积极地与米粉交朋友。在用户投诉时，客服有权根据自己的判断，自行赠送贴膜或其他小配件。小米还会赋予用户权利——成立"荣誉开发组"，让他们试用未发布的开发版，甚至参与绝密产品的开发。给了用户极大的荣誉感和认同感，让他们投入更大的激情参与产品的升级。

此外还有线下的小米"同城会"，跟用户交朋友，让发烧友最先体验产品等。这极大地增加了用户的粘性和参与感。除了营造参与感外，米粉节也是小米回馈众多米粉的节日。小米会在此阶段发布全新产品，以及往期产品大促销，利用极其诱人的促销折扣吸引粉丝疯抢产品，创造了一个又一个销售奇迹。2016 米粉节，小米网总销售额突破 18.7 亿元，累计参与人数 4683 万人，游戏参与 10.2 亿次。

小米其早期用户深度参与互动，以及线下活动运营的方式，也可称得上初创建立社群模式的教科书。

（推荐书《参与感：小米口碑营销内部手册》）

## 二、罗辑思维：让用户成为商业节点用视频作为社群入口

不少人认为罗辑思维是靠内容引流，靠广告变现的媒体平台，但罗振宇并没打算靠视频广告来挣钱，微信微博里高活跃用户才是他最看重的。从建立社群，让人与人之间产生连接，嫁接资源，产生商机，罗振宇要让每个人

靠自己在朋友圈当中某一个小领域的权威和信任形成资产，借此大量的人会去重建商业文明。

罗辑思维首先将目标用户定位为"85后"白领读书人。这类人群有共同的价值观，并渴望社群中找到精神上的优越感。罗辑思维为这群用户提供独立思考的启蒙和捷径，最大限度唤起用户独立思考的能力，激发用户的动机并养成分享习惯。

视频是罗振宇建立社群的入口和名片。通过视频的大范围传播，持有与他相同价值观的人才能够在微信上聚集，参加各种互动。同时他进行了两个方面的尝试扩散，首先是连接内部会员关系：如举办霸王餐活动，让会员说服全国各地餐馆老板贡献出一顿饭，供会员们免费享用，借此达到传播的目的。第二种则是向外部扩散的。如罗胖售书活动、众筹卖月饼活动、柳桃的推广活动。借这些项目，社群里的人可以对外销售商品，从中得到回报。更重要的是，那些有能力、有才华的人可以在罗辑思维300万用户面前展示自己，靠自己的禀赋获得支持，形成一个新的节点。

有内容互动也有精神上的价值输出，最后还养成了用户的付费模式，逻辑思维将社群做得风生水起，可圈可点，为很多内容平台提供了很好的转型方向。但平台太倚赖罗振宇个人影响力，这也会成为其发展的"瓶颈"。

### 三、"大V"店：让用户赚钱的社群电商

作为一家新兴的母婴电商，"大V"店可谓是社群电商成功案例中的佼佼者。以亲子阅读为精准切入点，社群的管理运营体系化，帮妈妈创业赚钱开店获取佣金的模式，几近成长为一个自我循环的社群生态平台。在不到两年时间内，"大V"店获得俞敏洪的洪泰基金天使轮、金沙江创投A轮、光速安振B轮投资，并于2016年3月获得迪斯尼旗下思伟投资领投的B+轮数千万美元融资。目前的注册用户700万，妈妈店主就将近110万，月销售额超过1.5亿元人民币。

面对当前电商领域中阿里与京东的双寡头格局，传统的B2C电商似乎很难再有新的机会。但创始人吴方华认为，基于"推荐"的电商仍有希望。在母婴领域，妈妈们天生爱分享关于孩子生活的点滴，也乐于接受其他妈妈推荐的产品，在基于人群的推荐方面具有天然优势。再加上许多全职妈妈们本身有缓解家庭经济压力的需求，"大V"店开始鼓励妈妈们自己创业开店。

在社群管理方面，除了逐步用工具和App来实现产品化以外，"大V"店还以地域为划分标准，建立了涵盖全国所有省份的"V友会"。"大V"店

通过内容活动发现V友会中的意见领袖，并将她们培养成"班委"，负责V友会的日常管理工作。2016年，"大V"店开启了"妈妈加油站"，选出有影响力的妈妈作为站长组织线下活动。这些"大V"妈妈在满足个人社交需求、实现自我价值的同时，也分担了一部分运营工作。此外，"大V"店还签约了近900个落地机构，为妈妈们提供线下的活动场所。

作为一匹成色十足的大黑马，"大V"店社群用自运营系统解决了用户激增带来的运营压力，通过强互动增进了情感维系，用高频高质的内容传播促进了销售的提升。这些无疑给模仿者树立了很高的壁垒。

### 四、黑马社群：让用户合作打造有归属感的社群

黑马社群作为新型的大众创业孵化加速器，以创始人群体的需求为核心，打造一个集学习成长、融资路演、推广咨询等服务为一体的创业服务生态圈。黑马社群本质上是让用户之间产生深度合作或交易关系。

社群将用户定位为精英，都是创业者，用牛文文的话都是创业的"土鳖们"，因为从圈子到信仰基本上都是非常相似的，所以黑马社群的用户都是自发地发起和参与社群活动的更具有主人翁的精神。黑马社群的创业者用户已达上万，通过牛投的股权众筹模式，社群里的创业者之间进行互相投资和帮助，最终优质的创业者可以上市新三板。在这个模式里，黑马社群里出现了以社群用户自发发起的合作圈子，成为社群里的子社群，当社群里拥有更多的子社群（小圈子）时，这种社群的生命力基本上是非常旺盛的。

黑马社群强化用户的参与感，旗下的黑马大赛、黑马商学院、i代言、牛投都可以支持黑马社群的用户参与其中，而这些活动之间也都有一定的产业链联系。在精神层面上黑马社群同样也是致力于优越感的打造，《创业家》及i黑马的媒体报道，以及加入拥有优质创业者的黑马营和黑马会，这些优越感的打造让创业者更有社群的归属感。

作为社群的灵魂人物，发起者牛文文在社群中起到定海神针的作用，被很多创业者当成创业标杆。而黑马社群强大的凝聚力来源于共同的信仰。社群成员坚信草根创业者的力量，通过黑马社群，让先成功的创业者们帮助还在成长中的创业者们，最终通过创业者之间的互相帮助和合作，完成共同成功。

黑马社群希望打造以牛投（黑马社群内部用户深度合作的股权众筹）+新三板="互联网+"创业的全新模式为创业者们服务，究竟更否成功并可规模化，还需拭目以待。

### 五、吴晓波频道：让用户更专业用内容变现社群

作为模式清晰的内容变现社群，吴晓波频道最重视的是持续性、高品质、专业化的内容生产能力。而其最大的创举是建立一个有刚需的细分市场、树立自己的风格、快速积累用户。而随着用户基数和粘性达到一定的程度，内容本身变现或者嫁接商业价值就水到渠成了。

作为国内最出色的财经作家，曾被评为"中国青年领袖"的吴晓波，在财经爱好者群体中具有极强的号召力。2016年5月8日，吴晓波频道上线，每周二、周日各一篇财经专栏，周四在爱奇艺播出30分钟左右的视频脱口秀。

吴晓波认为，社群人数的增长和付费比例的提升，极度依赖内容品质，"这个时候其实投机取巧的办法没有意义，还是扎扎实实把内容做好，做一个可持续供给的内容的人。"吴晓波频道还推出一个叫大头思想课的内容产品。这个产品的初衷就是帮助那些想了解军事、历史、政治、人文、哲学的财富人群，给他们传输对应的高品质内容。"这就是新的可能性发生，在任何一个圈层中，我始终认为有好的内容，只要能够产生，一定会可以找到喜欢你内容的人，哪怕他非常非常的小众，只要找到他们，就有价值，或者找到本身就实现了价值。"

吴晓波同样尝试过电商变现。2015年6月18日，吴晓波和他的团队抱着试水的心态，在拥有百万粉丝的"吴晓波频道"公众号里开启了"吴酒"的第一次限购。效果出乎意料的好，短短33小时卖掉了5000瓶，迅速入账100万元。

吴晓波认为中国正处于一个从大众传播进入小众传播的时代，逻辑虽然简单，但社群运营过度集中于小众领域，难以形成快速复制的规模效应。同时，其电商变现的尝试因为内容影响力和商业品牌之间缺乏直接的逻辑关联，背书效应极度受限。

（来源：爱盈利，2017年5月18日）

## 电子商务快报

### 内容扮演成长引擎，淘宝变成社群商务平台

阿里巴巴2018年会计年度第一季（2017年3月至6月）营收大增56%，

带动股价连日大涨。阿里巴巴首席财务长武卫表示，核心电商业务和阿里云是带动这季度营收成长的两大动能。当中又以营收占比较高的核心电商业务表现更关键，包括新使用者的增加、流量的成长，而背后更重要的驱动力则是"内容"和"社群"。

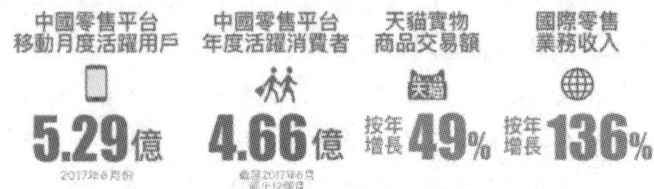

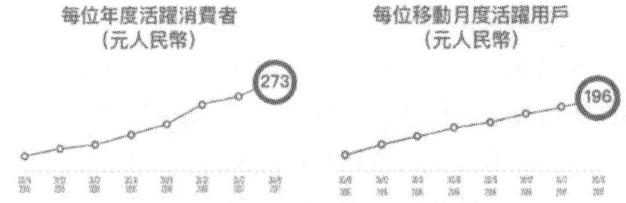

阿里巴巴 2018 会计年度第一季财报表现

数据来源：阿里足迹。

## 一、淘宝已经转变成社群商务平台

虽然阿里巴巴的用户基础已经相当庞大，但上个季度还是有 2200 万人的净增加，将月活跃用户数推升到 5.29 亿人。但比净增用户数更重要的，是他们观察到消费者对淘宝的黏性变得更强，转换率和点击率也随之拉高，进而带动整体收入的增长。

阿里巴巴执行长张勇表示，手机淘宝已经从一个服务平台转变成第一大商品市集，再转变成一个由交易、内容和社群共同驱动的社群商务平台。

而在平台上蓬勃发展的，则是阿里巴巴平台上各式各样的社群商务产品，如淘宝头条、淘宝直播、短影音等。"我们和商家密切合作，让他们了解如何使用不同的服务、透过这些工具得到最高的转换率。"张勇表示，"今天消费者在我们的行动 App 上，不只是在购物，也在消费内容。"可以说淘宝是借由内容来激发新的消费者需求。他指出，美妆类和厨房用品类都是透过直播创造出更大效益的显著例子,因为透过直播展示如何化妆、如何料理,也同时激发出消费者对食物和厨房用品的好奇心。

阿里巴巴集团执行副主席蔡崇信认为,当淘宝变成一个内容更丰富的App,消费者对平台的参与度也会变得愈深。"消费者停留在平台的时间愈长,会买更多,而且看得品类也更广。"他说。而张勇表示,若以日活跃用户数和月活跃用户数的比例来衡量用户黏性,则他们一直维持在40%以上。

### 二、不能只有内容,还要数据驱动"个性化"

要真正实现通过内容加深用户参与度这件事,背后其实还有一个关键,就是数据的运用,也是阿里巴巴开始强调的"个性化"服务,并在2017年5月针对个性化技术做了全新改版。更明确地来说,就是借助消费者数据分析,让每个消费者看到的都是最可能产生关联性的内容,并创造更多互动。

一方面,他们认为这可以提升使用者体验;另一方面,当内容更符合个人化需求,提高的就不会只有点击率,更会拉升购物转换率。而这也在让平台成交可能性提高的同时,让商家们更愿意付费给阿里巴巴使用各种行销工具。这也是为什么付费商家数量及商家平均支出都在该季度双双创下历史新高。

此外,阿里巴巴集团底下除了有核心的电商事业,以及阿里云服务外,还有媒体与娱乐事业。"我们会看到媒体与娱乐事业和核心电商业务发挥更大综效。"武卫表示目前已经看到初步成果,也预期两大事业未来可以在消费者、内容、商业化产生更大的互补综效。

(来源:数位时代,2017年8月21日)

## 为 Airbnb 注入社群灵魂

### CEO 切斯基:这个世界上最有价值的商品是"人"

2017年3月,Airbnb创办人暨执行长布莱恩·切斯基(Brian Chesky),为自己又加了一个新的职称"社群总监"(head of community),因为对他来说,Airbnb最有价值的商品其实是"人"。

在切斯基的愿景中，与其将 Airbnb 核心产品视为一个网站或 App，不如说是社群、平台上的人们，而他作为社群总监的使命，就是要负责领导这个社群、创造新的旅游体验，让人们不仅只是拜访一个陌生的城市，更能透过 Airbnb 的住屋获得这个城市的归属感。"到最后，这趟旅行留下的不仅只是某个旅馆名称，而是你与人们共同创造的回忆。"

如果要说切斯基与其他公司 CEO 有什么不同之处，似乎就是他那毫不掩饰散发出来的"人性"。

### 一、亲访全球各地屋主，确认 Airbnb 为他们带来的价值

比起广邀用户到平台租屋，Airbnb 更注重的是邀请更多房屋出租者（host）到平台上提供自己的空间。起初当 Airbnb 还没有知名度时，切斯基一户又一户地拜访屋主，介绍 Airbnb 的服务，让他们放心出租自家房间给旅游者。

今年，切斯基发起世界巡回之旅，他决心亲自拜访位于英国伦敦、美国纽约市、南非开普敦、印度德里，以及中国北京的 Airbnb 屋主，深度了解他们使用平台的体验，并且会选出几个屋主加入"屋主咨询委员会"，为 Airbnb 提供使用回馈，每年更提供屋主参加 Airbnb 董事会议的机会，以借此了解平台运作情况。

"我希望对这个社群负责。我希望确定 Airbnb 的所作所为是为社群带来好处，而不仅仅是利用他们。"刚冠上社群总监职称的切斯基这样说道。

乐于与人谈话、对人好奇的切斯基，亲自拜访全球各地屋主的行为，展现了他与一般人相比更加强烈的"亲和力"。也因为这个性格特质，10 年前，切斯基起家的那个 Airbnb 客厅空间，如今仍然列在 Airbnb 的租屋清单上，邀请各地旅游者拜访作客。

### 二、即使被讨厌，还是会伸出友善的手逆转冲突

2010 年纽约市通过一项法案规定，一般公寓不得由房客"30 天以内的短租"给其他人，换句话说，Airbnb 的行为几乎是完全违法，考虑到纽约市是许多国内、国外游客的热门旅游地点，这项法规对 Airbnb 造成相当大的打击。

2013 年，切斯基亲自到访纽约市，拜访好几位政治人物、旅馆经营者、房地产公司，亲自了解、站在反对方立场思考，并试图拟出解决方法。

没错，像 Airbnb 这样破坏性创新的共享经济，的确违反法规。了解这一点的切斯基，为了打破冲突这道"墙"，亲自走访城市高层与当地产业利益相关者，了解对方需求与想法，并配合各城市规定缴税，移除不符合安全规定的租处。靠长时间努力下，目前 Airbnb 已经在全球 200 个城市批准合法经营。

从小到大的经历，让切斯基起初觉得，如果某个人不喜欢自己，那自己也就试着离他远一点，避免纠纷；然而，Belinda Johnson 给的建议则是，即使对方不喜欢自己，如果双方听听彼此的故事，说不定就能找到新的解决方案。也就是这一席话，改变了切斯基的想法，让 Airbnb 与政府合作造就现今的成功。

"不要想着怎么做一件大事，而是要去想自己现在着手的这件事，怎么对某一个小群体，带来巨大的正面影响。"被 Fortune 列为世界最佳领导人第 18 位、经营一家市值 310 亿美元企业的 Airbnb 创办人兼执行长切斯基这样说道。

（来源：数位时代，2017 年 11 月 13 日）

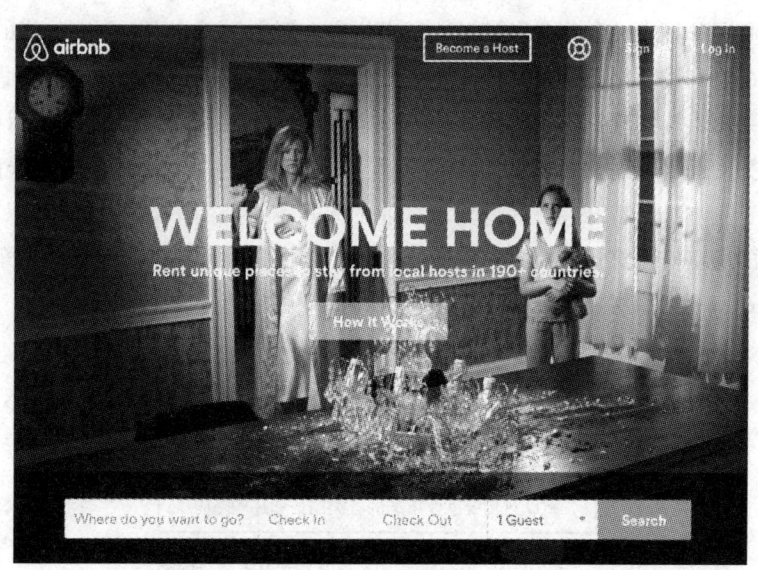

**Airbnb 网站平台**

图片来源：Airbnb 网页。

# 第 11 章　网 络 创 业

## 11.1　导　　论

　　网络经济时代,网络已经深入社会、经济、政治、军事等众多领域,强大的生命力使网络经济具有正外部效应性和边际效应递增性,具体到经济社会发展,网络对经济增长起到了显著的促进作用,更创造了广大的就业空间。互联网在增加经济总量和就业方面能对市场经济有调和作用,西方发达国家的经验已经证明,从节约成本和提高生产率角度看,能够从网络经济中获取较大的收益。网络创业是在互联网环境中,利用各种资源、寻求机会、努力创新、不断创造价值的过程。创业者可以利用网络直接进行商务创业活动,如自己开发商务平台进行创业、利用现有平台直接实现网上开店等。但网络创业的范围并不仅限于此,利用网络和电子商务的优势开展的一切创业活动都属于网络创业的范畴,如提供电子商务服务。由于其本身的特殊性,因此要求从业的人员需要具有一定的网络知识,并具有一定的网络安全意识。例如,淘宝支付宝、腾讯财付通,以及新兴的京东支付、ApplePay 都需要掌握在线支付的手段。网络创业的优势如图 11-1 所示。

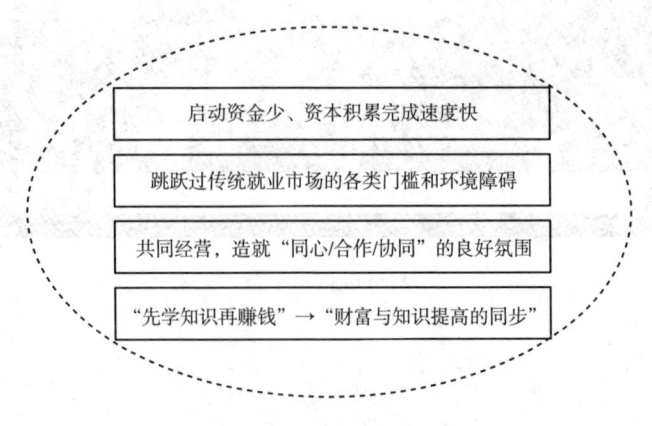

图 11-1　网络创业的优势

## 11.2 网络创业的特点

### 11.2.1 创业类型丰富

网络创业具有丰富的创业类型，无论是大中型企业、小微型投资商还是个人用户，往往只须具备创新意识并付诸行动就可转变为实实在在的创业成果，带给创业者可观的创业收入。网上创业类型主要有以下几种方式：开展电子商务业务进行创业，电子商务业务既包括平台搭建的创业类型，如淘宝网、京东网等销售平台的构建服务创业，还包括运用虚拟店铺进行商品销售的创业类型，主要是进行商品的销售，如网上店铺、微商业务等，同时也包括各种技术支持以及服务创业，创业者运用自身的技术为用户提供特定服务的创业类型，在软件领域以及教育培训领域有着广泛的应用，另外还有各种利用广告、创意、吸引流量等模式进行创业的方式，本书在此就不一一地介绍了。总之，创业类型极其丰富是网上创业的最为突出的特点之一。

### 11.2.2 创业成本相对较低

网络创业成本低主要是针对一些网上店铺、网上服务类型的创业模式而言的，由于节省了传统实体店铺的购置（或租）费用，并且创业者可以根据订单来进行货物的配置，而不像传统的实体店类型需要大量的货物囤积；另外，针对一些服务技术类型的创业模式，基本上都是借助于互联网平台进行技术或服务的输出，从而节省了大量的投资成本，这对于资金相对有限的小微创业者是极其有利的，尤其是大学生这种具有一定技能水平的创业人员，互联网提供了具有广阔作为的创业平台。因此，借助于网络平台进行创业，大大节省了投资建设成本，对于资金的利用率更为有效。

### 11.2.3 营销方式更加灵活有效

互联网技术有着先天性的营销优势，其所提供的各种服务都可作为营销工具加以利用，无论是传统的搜索引擎、博客、Email、BBS，还是当下流行微信、微博以及各种客户端都为创业者进行网上营销提供了多种选择。电商平台还可以基于网店产品的销售量、产品服务质量以及用户评价予以综合排序，为规范市场运营、为创业者提供更加公平的营销环境给出便利条件。总的来讲，在互联网平台下，网络创业者可以充分发挥互联网平台优势，有效地结合互联网功能，从传统简单、单一的营销模式向形式多样、营销手段灵活的营销模式转变。随着技术的发展和进步，目前一些企业还可以通过大数据分析，基于用户的网络行为习惯、个性化以及定制式提供符合用户需求的网络营销。

### 11.2.4 工作时间和工作地点相对灵活

相对于传统创业模式"死守"工厂、店铺的固定工作时间和工作地点的创业过程，网上创业对于创业者的时间和地点的利用更加灵活，在移动互联网发展的今天，往往创业者仅仅需要一部联网的手机即可完成所有的订单接收、产品准备以及产品交付行为，这种以用户需求为准的创业方式，突破了时间和空间对于创业者的限制，创业之余创业者还可以进行其他类型的工作，从而有效地节约时间成本。

## 11.3 网络创业的类型

### 11.3.1 网店创业模式

网店创业主要包括两种类型：其一，利用现有的网店平台进行商品销售；其二，构建自身的网络销售平台进行产品的销售。利用现有的平台进行商品销售是依托于大型电商所构建的知名企业平台进行自身服务和产品销售的一种形式，这种网店模式是寄存于网店平台基础之上的，目前我国最大的电商平台就是阿里巴巴旗下的淘宝网，这种网店模式开办的资质相对较低、投资成本极少，店铺的运营成本、平台构建所需要的技术基础以及相应支付功能接入电商平台都有相对成熟的设计，只要是在满足电商平台的服务要求基础上都可以进行适度的创业，是目前最为广泛的网店创业模式。而构建自身网络营销平台作为需要个人创建全套服务体系的一种行为也是值得推广的，这种服务模式具有高度的灵活性，只是按照个人的销售需求进行设计即可，当然这种自建网站类型需要创业者具备一定的资金、技术以及维护能力，并且具备相当的营销策略才可以实施。

### 11.3.2 技术和服务的创业模式

利用自身的专业能力进行产品的设计和服务是值得推崇的一种创业模式。就目前而言，要构建自身的技术服务产品是可行的。例如，通过编写手机应用软件，为用户提供服务来获取报酬，这是 IT 专业常见的一种以技术服务产品为主的创业形式，目前具有诸多的成功案例可供参考。如设计类专业可以通过在网上帮助用户设计 CAD 图纸获取报酬、表演专业可以通过拍摄微电影形式赚取流量来获得收益等都是利用技术和服务创业的典范。

一些网络平台同样将技术和服务作为一种商品来进行出售，如"猪八戒"网站。总之，作为网络创业的一种创业模式，这种依托于技术和服务能力的创业是目前所推崇的。

### 11.3.3 校园电子商务创业模式

校园电子商务主要是服务于校园范围内的一种创业模式，同一高校在校学生动辄上万，这种数量规模的校园区域与一些贫困县城的常住人口接近，并且高校学生具有相当的购买力，鉴于此，创业者通过在校园范围内，构建以学生为主导、挖掘以大学服务特色为基础的校园电商模式同样是值得推崇的。例如，依托于校园网构建的大学"跳蚤市场"（大学生小微市场），通过诚信经营、及时准确物流服务以及相对安全的电商服务解决校园电商问题。除此之外，构建校园电子商务也为大学生勤工助学等提供了一定的就业岗位，对创业者、学校以及学生都是有利的。

## 11.4 客户价值主张

客户价值主张（customer value proposition）是指对客户来说什么是有意义的，即对客户真实需求的深入描述。对于客户价值主张，在实际操作中体现在客户选择产品或服务时的几项关键指标。如客户在采购大型设备时主要关注的有质量、售后服务、价格、品牌等指标，那么客户在选择供应时也将从这几个方面进行考察。客户价值主张是一种针对竞争对手的战略模式。既有和竞争对手相比拟的共性——相似点，又有比竞争对手更优、更好的差异点，以及面向客户的个性化产品和服务策略——共鸣点。

要想得到稳健而持续的发展，创业者应该对顾客价值取向的发展趋势作出正确的判断，对未来市场竞争趋势作出正确的阶段性预测。根据自己的资源结构特点，进行战略选择。

制订客户价值主张的方法有以下三种。

### 11.4.1 罗列全部优点

当需要制订客户价值主张时，大多数创业者只是将自己认为产品可能给目标客户带来的种种益处全部罗列出来，多多益善。使用这种方法，要求对客户及竞争对手的了解最少，因此工作量也最小。然而，这种相对简单的方法存在一大缺陷：虽然商家声称自己的产品功能具有各种优点，但实际上它们对目标客户毫无益处。

### 11.4.2 宣传有利的差异点

这种类型的价值主张明确承认客户可以有其他选择，重点宣传对自己有利的差异点。商家必须突出自己与竞争对手的不同之处，这要求创业者对次优替代品了如指掌。然而，某一产品或服务可能存在多个差异点，如果对客户需求和偏好缺乏深入的了解，商家可能会将工作重点放在那些对目标客户价值较低的差异点上。

### 11.4.3 突出共鸣点

想要提供这样的客户价值主张，创业者必须抓住目标客户最看重的几个要素展示自己产品的优势，向客户证明这种卓越产品性能的价值，并且在沟通中表明自己十分了解客户的业务重点。这种价值主张与宣传有利的差异点存在两大不同之处：首先，它不主张多多益善，只在客户最看重的因素上竞争；其次，这种价值主张中可能会包含一个相似点。

合理构建、妥善传递的客户价值主张可以对创业战略和成绩做出重大贡献。制订合理的价值主张有助于产品抓住重点，集中精力向客户推出真正有价值的产品。事实上，客户价值主张既能为商家创造卓越业绩提供一盏指路明灯，又能为创造卓越业绩打下坚实的基础。

## 11.5 创业者与创业团队

创业者是指创业活动的推动者，或者是活跃在企业创立和新创企业成长阶段的企业经营者。创业者并不等于企业家，因为多数创业者并不可能完全具备企业家必备的个人品格。创业者只有不断完善个人素质，带领企业获得商业上的成功，才可能逐步转变为真正的企业家。

创业团队是指在创业初期（包括企业成立前和成立早期），由一群才能互补、责任共担、愿为共同的创业目标而奋斗的人所组成的特殊群体。团队成员之间的互补、协调以及与创业者之间的补充和平衡，对新创企业起到了降低管理风险、提高管理水平的作用。一个好的创业团队能提高机会识别、开发和利用能力；提高新企业运作能力，发挥协同效应；为加强组织发展和管理工作提供独特的社会角度；有利于营造更轻松愉快的心理环境等。

### 11.5.1 创业者应具备的能力

（1）专业技术能力。

专业技术能力包括专业知识和专业技能。专业知识是指从事某一专业工作所必须具备的知识，一般具有较为系统的内容体系和知识范围。掌握专业知识是培养专业技术能力的基础。专业技能包括智力技能和操作技能。智力技能是在大脑内部借助于内部语言，以缩简的方式对事物的印象进行加工改造而形成的。操作技能是由一系列外部动作构成的，是经过反复训练形成和巩固起来的一种合乎法则的行动方式。

（2）经营管理能力。

在现代社会中，经营管理能力为人的生存和发展提供了较好的主体条件，同时，也能形成人、财、物、时间、空间的合理组合。管理能力直接关系到创业活动的效率和成败，因此管理也是生产力。经营管理能力主要包括善于经营、善于管理、善于用人、善于理财四个方面：

①善于经营。成功的创业者，不仅要有果敢的开拓精神，还必须精通经营之道，熟悉市场行情，了解和掌握生产经营活动的内容、策略和手段。掌握信息要及时准确，对比优选要多设方案，不同意见要兼收并蓄；要懂得市场经营策略、销售策略、定价策略，熟悉生产经营的组织和管理等。

②善于管理。所谓管理就是根据企业的内在活动规律，综合运用创业过程中的人力资源及其他资源，从而有效地实现目标的过程。善于管理，必须了解生产环节，掌握管理的窍门，精通经营核算，做好生产过程的组织、生产计划的编制、生产的调度、产品的质量控制等。

③善于用人。在生产力的诸要素中，人是最活跃的、起决定作用的因素，也是企业能否发展的决定性因素。善于用人，就能调动人的积极性，使人尽其能，人尽其才，使个人的长处得到充分的发挥。要做到善于用人，必须统一指挥、权责相配、建立规章、民主管理，还必须论功晋级，按劳取酬。

④善于理财。创业者从事生产经营，要获得利润，就必须善于理财。理财是对资金运动过程进行正确的组织、指挥和调节，保证生产活动顺利进行，从而减少劳动和物质资源的耗损，降低产品成本，提高资金利润率的重要环节。不言而喻，善于理财能使资金增值，提高经济效益，这是创业成功的重要保证和标志。

（3）综合能力。

①学习能力。包括逻辑思维能力、综合应用能力、分析比较能力、归纳总结能力、阅读理解能力和口头表达能力等。

②驾驭信息能力。即对信息的获取、分析、加工、处理、传递的能力，是理解和活用信息的能力。

③激励员工能力。包括目标激励、评判激励、榜样激励、荣誉激励、逆反激励、许诺激励、物质激励七个方面。

④应变能力。应变能力就是灵活机动、锐意创新，能根据社会的变化和市场上新的需求，迅速采取相应对策的能力。

⑤独立工作能力。包括独立思考能力、组织决策能力、自我控制能力、经营管理能力、承受挫折能力、人际交往能力以及在市场经济条件下的竞争能力等。

⑥开拓创新能力。创新是创业的基础,创新是指主体为了一定的目的遵循事物发展的规律,对事物的整体或其中的某些部分进行变革,从而使其得以更新与发展的活动。创新意识主要由好奇心、求知、竞争、冒险、怀疑、灵感、个人求发展的动力等心理因素和创造性思维、独立性思维等因素组成。

⑦社交能力。社交能力是指学会认识人际关系,正确理解人际关系,培养良好人际关系的能力。创业的过程就是不断熟悉社会,同时让社会熟悉自己、接纳自己的过程。为此,创业者一定要敢于面向社会,闯入社会,把社会看成是自己获得支持,从而获得能量、信息与材料的源泉,即在社会实践中逐步提高自己的创业意识,从而获取创业能力。同时,必须把社会的需要、社会的利益、社会的价值标准与评价原则作为自己行动的一个参照体系,把自己所从事的事业与集体的、社会的事业沟通起来,提高自己的社交能力,扩大交往,与人合作,取信于他人,取信于社会,为自己创造一个开放的创业环境。

### 11.5.2 创业团队的组建

(1) 创业团队组建的基本原则。

①目标明确合理原则。目标必须明确,这样才能使团队成员清楚地认识到共同的奋斗方向是什么。与此同时,目标也必须是合理的、切实可行的,这样才能真正达到激励的目的。

②互补原则。创业者之所以寻求团队合作,其目的就在于弥补创业目标与自身能力间差距。只有当团队成员相互间在知识、技能、经验等方面实现互补时,才有可能通过相互协作发挥出"1+1>2"的协同效应。

③精简高效原则。为了减少创业期的运作成本、最大比例地分享成果,创业团队人员构成应在保证企业能高效运作的前提下尽量精简。

④动态开放原则。创业过程是一个充满了不确定性的过程,团队中可能因为能力、观念等多种原因不断有人在离开,同时也有人在要求加入。因此,在组建创业团队时,应注意保持团队的动态性和开放性,使真正完美匹配的人员能被吸纳到创业团队中来。

(2) 创业团队的组建程序及其主要工作。

创业团队的组建是一个相当复杂的过程,不同类型的创业项目所需的团队不一样,创建步骤也不完全相同。概括来讲,大致的组建程序如图11-2所示。

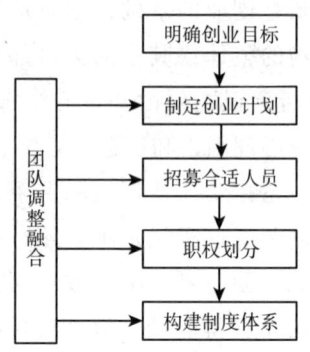

图 11-2　创业团队组建程序

企业团队组建的主要工作有以下几点。

①明确创业目标。创业团队的总目标就是要通过完成创业阶段的技术、市场、规划、组织、管理等各项工作实现企业从无到有、从起步到成熟。总目标确定之后,为了推动团队最终实现创业目标,再将总目标加以分解,设定若干可行的、阶段性的子目标。

②制订创业计划。在确定了一个个阶段性子目标以及总目标之后,紧接着就要研究如何实现这些目标,这就需要制订周密的创业计划。创业计划是在对创业目标进行具体分解的基础上,以团队为整体来考虑的计划,创业计划确定了在不同的创业阶段需要完成的阶段性任务,通过逐步实现这些阶段性目标来最终实现创业目标。

③招募合适的人员。招募合适的人员也是创业团队组建最关键的一步。关于创业团队成员的招募,主要应考虑两个方面:一方面,考虑互补性,即考虑其能否与其他成员在能力或技术上形成互补。这种互补性形成既有助于强化团队成员间彼此的合作,又能保证整个团队的战斗力,更好地发挥团队的作用。一般而言,创业团队至少需要管理、技术和营销三个方面的人才。只有这三个方面的人才形成良好的沟通协作关系后,创业团队才可能实现稳定高效。另一方面,考虑适度规模,适度的团队规模是保证团队高效运转的重要条件。

④职权划分。为了保证团队成员执行创业计划、顺利开展各项工作,必须预先在团队内部进行职权的划分。创业团队的职权划分就是根据执行创业计划的需要,具体确定每个团队成员所要担负的职责以及相应所享有的权限。团队成员间职权的划分必须明确,既要避免职权的重叠和交叉,也要避免无

人承担造成工作上的疏漏。

⑤构建创业团队制度体系。创业团队制度体系体现了创业团队对成员的控制和激励能力，主要包括团队的各种约束制度和激励制度。一方面，创业团队通过各种约束制度（主要包括纪律条例、组织条例、财务条例、保密条例等）指导其成员避免做出不利于团队发展的行为，实现对其行为进行有效的约束、保证团队的稳定秩序。另一方面，创业团队要实现高效运作有效的激励机制（主要包括利益分配方案、奖惩制度、考核标准、激励措施等），使团队成员才能看到随着创业目标的实现，其自身利益将会得到怎样的改变，从而达到充分调动成员的积极性、最大限度地发挥团队成员作用的目的。

⑥团队的调整融合。完美组合的创业团队并非创业一开始就能建立起来的，很多时候是在企业创立一定时间以后随着企业的发展逐步形成的。随着团队的运作，团队组建时在人员匹配、制度设计、职权划分等方面的不合理之处会逐渐暴露出来，这时就需要对团队进行调整融合。由于问题的暴露需要一个过程，因此团队调整融合也应是一个动态持续的过程。在完成了前面的工作步骤之后，团队调整融合工作专门针对运行中出现的问题不断对前面的步骤进行调整直至满足实践需求为止。

### 11.5.3 贝尔宾团队角色理论（Belbin team roles）

早在二十九年前，当沃尔沃、丰田等少数几家公司把团队概念引入其生产过程时，曾经轰动一时，成为新闻热点。而现在，团队已成为一个广为人知的概念，成为各大跨国公司的运作模式，成为创新和高绩效的代名词。然而，并不是所有的团队都能成为改进组织业绩的关键。曾经有一些领导者将最聪明、能干的人员抽调到一起组建成团队，结果却事与愿违。因此，什么样的团队结构是最为合理的，就成为领导者所关注和研究的问题。

剑桥产业培训研究部前主任贝尔宾博士和他的同事们经过多年在澳洲和英国的研究与实践，提出了著名的贝尔宾团队角色理论，一共分为了九种团队角色：

协调者（CO：Coordinator）——成熟、自信、可信赖、能明确目标、能促进决策。不一定是最聪明的人。

培养者（PL：Plant）——有创造力、有想象力、善于打破常规、解决困难问题。可接受的弱点：不善与普通人交往。

塑造者（SH：Shaper）——有活力、外向、易激动、爱挑战、爱施压、困难面前寻找各种办法。可接受的弱点：容易发脾气。

协力工作者（TW：Team Worker）——爱社交、温和、善解人意、乐于助人、倾听、营造力、避免不合。可接受的弱点：在棘手环境下优柔寡断。

完善者（FI：Completer Finisher）——吃苦耐劳、尽职尽责、严肃、善于发现错误、守时。可接受的弱点：有时过度忧虑、不愿授权他人。

贯彻者（CW：Company Worker，or Implementer）——守纪律、可信赖、保守、高效、把想法变为行动。可接受的弱点：有些固执。

资源调查者（RI：Resource Investigator）——性格外向、热情、健谈、探索机会。可接受的弱点：一时热情后很快失去兴趣。

监督评价者（ME：Monitor Evaluator）——冷静、有战略眼光、有判断力、看事情全面、善于做出判断。可接受的弱点：缺乏推动和鼓舞他人的能力。

专家（SP：Specialist）——诚实、自我做起、专注、能在急需时带来知识和技能。可接受的弱点：专业领域比较狭窄。

根据对贝尔宾团队角色理论的研究及对实践经验的总结，我们认为要组建一支成功的、高绩效的团队，作为组织领导者应该首先注意以下问题：

①角色齐。唯有角色齐全，才能实现功能齐全。正如贝尔宾博士所说的那样，用其理论不能断言某个群体一定会成功，但可以预测某个群体一定会失败。所以一个成功的团队首先应该是实干家、信息者、协调者、监督者、推动者、凝聚者、创新者和完美主义者这八种角色的综合平衡。

②容人短处，用人所长。知人善任是每一个管理者都应具备的基本素质。管理者在组建团队时，应该充分认识到各个角色的基本特征，容人短处，用人所长。在实践中，真正成功的管理者，对下属人员的秉性的了解都是很透彻的，而且只有在此基础上组建的团队，才能真正实现气质结构上的优化，成为高绩效的团队。

③尊重差异，实现互补。对于一份给定的工作，完全合乎标准的理想人选几乎不存在——没有一个人能满足我们所有的要求。但是一个由个人组成的团队却可以做到完美无缺——它并非是单个人的简单罗列组合，而是在团队角色上亦即团队的气质结构上实现了互补。也正是这种在系统上的异质性、多样性，才使整个团队生机勃勃，充满活力。

④增强弹性，主动补位。就一般意义上而言，要组建一支成功的团队，必须在团队成员中形成集体决策、相互负责、民主管理、自我督导的氛围，

这是团队区别于传统组织及一般群体的关键所在。除此之外，从团队角色理论的角度出发，还应特别注重培养团队成员的主动补位意识——即当一个团队在上述八种团队角色出现欠缺时，其成员应在条件许可的情况下，能够增强弹性，主动实现团队角色的转换，使团队的气质结构从整体上趋于合理，以便更好地达成团队共同的绩效目标。事实上，由于多数人在个性、禀赋上存在着双重甚至多重性，也使这种团队角色的转换成为可能，这一点也是被我们测试结果及实践所证实的。

## 11.6 结　　论

网络创业随着技术进步以及思维的活跃，多元化的发展方式逐步显现，如当前"线下"与"线上"同步事务、共享单车、"滴滴打车"服务等都是值得高度赞赏的，甚至一度出现了服务倒逼政策的创业热潮。创业者应充分利用当前大好的创业环境、开动创新思维、利用自身技术优势进行网络创业，为我国现代化的发展注入新的活力。

**数位实证解读**

### 大学生淘宝创业存在的问题及解决对策研究

"互联网+"的时代给大学生自主创业带来了很大的机遇。而在创业的滚滚浪潮中淘宝创业成为最多人的选择，其中有较大比重为大学生群体。根据问卷调查研究显示，大学生选择网络创业的原因主要有以下几种：冒险尝试的心理、期望高收入、就业压力的影响、家庭成员的鼓励。

**一、大学生淘宝创业过程中突出的问题**

大学生通过淘宝创业不仅实现了一批人的梦想，也为社会带来了活力，促进了经济发展。同时另一批人却面临着许多的问题，想要在淘宝创业中实现盈利依然要克服许多的难题。根据所做调查仅列举如下问题：第一，部分大学生创业理念浅薄，缺乏商业计划和创业精神。由于在创业前期没有形成良好的创业精神,缺乏一定的市场意识,因此,在情绪稍受波动时或者市场波动时往往害怕接受风险,最终退缩甚至选择退出。第二,大学生群体普遍没有经济能力,依靠父母给予的生活费进行创业却难以维持。尽管网店不需要实体门店,但也仍需一笔启动资金。作为在校大学生,大部分没有固定的收入。若仅靠生活费或者奖学金作为网店的资金储备,势必会面临资金短缺的问题;若申请银行贷款则会在无形中给创业甚至学习生活带来压力。第三,开店时间短导致店铺信用等级低,订单量少以至于难以坚持下去。同时网店经营时间不定,顾客会在任何时刻需要被服务,这就要求大学生经营网店过程中要随时关注并处理客户的任何问题,用心给客户解答,才能留住客户,赢得客户的关注,获得客户的信任,从而提高销售额。第四,开店缺乏经验,难以将所学理论知识运用于实践中,很少部分的学生会接受淘宝创业的培训。因此,许多学生在经营的过程中没有规划或设定阶段目标以至于不清楚每个阶段的着重点,使创业变得迷茫,没有方向感。

## 二、分析问题的成因

### (一) 经验性与知识系统化问题

由于学校在管理方式上具有一定的封闭性和应试性,使得学生在校学习多着重于书本知识,而在很大程度上忽视了实际经验的积累。虽然大学里开设了不少与创业相关的课程,但仅仅局限于理论,大学生并没有进行有效的实践。创业对复合型人才及知识系统结构的要求非常高。在创业伊始,创业者需要具备一定的财务知识、管理知识、法律知识、沟通知识、心理知识等技能,但大学生往往在这些方面显示出不足。

### (二) 创业理念浅薄及心理问题

许多进行淘宝创业的学生认为创业就是要赚钱。一旦出现了较大的亏损就会停滞不前,甚至选择退出。有一些学生将淘宝创业看得过于简单,认为只要有足够的启动资金就能进行创业经营。实则不然,盲目创业、缺乏前期调研规划、创业的风险意识弱等都会导致创业失败。淘宝创业看似简单其实很艰难。因为它所涉及的知识广度和宽度更为复杂,对个人能力的要求也更高。大学生进行这一系列的创业必须具备良好的心理素质,能够从容面对创业的大起大落。

### (三) 商业信用及资金问题

缺乏商业信用,竞争压力大。大多数人在网上购买物品时都会首先关注卖家的信用等级。但是对于刚开店的大学生来说,由于没有大量的交易记录,客源少,而经营同类商品的店铺也很多,所以商品很难出现在好的位置被买家浏览,也很难取得买家的信任。资金也是制约大学生创业的"瓶颈",淘宝创业也不例外。大学生在经济上并未完全独立,也没有稳定的收入来源。淘宝创业虽然需要的资金比一般创业需要的门槛低。但是在创业初期,对于大学生来说无疑是个很严峻的问题。

### (四)创业环境及教育体系的不完善

尽管我国出台了一系列鼓励大学生自主创业的优惠政策,但我国的创业环境依然不够完善。有关单位虽知道国家出台了对于大学生创业的相关优惠政策,但真正受到扶持的大学生仍在少数。而且我国应试教育模式根深蒂固,一定程度上制约了学生的全面发展。在这种情况下,学生难以将知识应用于实践。所以就目前来说,我国大学生创业的环境仍不容乐观,创业之路依然比较艰难。

## 三、应对措施

### (一)立足自身,找到供货渠道

大学生考虑货源时可以以自身为起点去寻找货源,如有同学在网上出售家乡特产醉鱼、藕带等,通过买卖自己家乡的特产来运营网店,此外,大学生还可以从自身的专业出发,如有的大学生主修服装设计,可以尝试将自己的设计做成实物进行销售。这些不仅实现了盈利,也实践了所学的知识。

### (二)了解新政策,解决资金问题

现今政府为了刺激人们创业提出了"全民创业,万众创新"的口号。各个高校也响应号召,大学生创业孵化器逐渐在高校内成立。大学生有好的创业想法可以向学校申请帮助,有的学校还会奖励或者提供资金。还有些企业通过与学校合作,一边为学生提供创业帮助,一边将自己的产品推广出去,这种校企合作的形式越来越常见。现今还有一些银行也开始专为大学生创业提供小额贷款,帮助大学生创业。当大学生有创业想法时,可以多了解学校、国家的政策信息,学会从中找到解决的办法。

### (三)取长补短,团队合作

团队的力量总是大于个人。大学生可以和同学一起合作,共同经营网店,形成优势互补的关系。这样既可以解决资金问题,也可以解决学习与工作的时间冲突问题。团队间各自分工，如有人负责货源、有人负责美工、有人负责销售等。这样可以减轻个人的工作压力、提高工作效率、加快网店的正常发展。在网店经营过程中，团队合作可以减少个人失误的概率，解决问题时考虑更全面。在团队合作的过程中，同学间可以相互学习和交流，使自己更快地进步。

（四）注意细节，总结经验

在网店经营的过程中，由于是线上交易，买家不能看到实物，只能通过图片了解商品的各方面信息。卖家要详实地描述商品，不可夸大其词。当买家发现所购买的商品与描述不符时，便会出现许多售后问题，处理不当会对网店的信用产生很大的影响，对网店以后的发展十分不利。卖家要保证产品质量、及时发货并给买家一个良好的售后服务，这样有利于网店的长期经营。大学生在开网店的过程中，应注意积累平时所遇到的各种问题，多总结经验与方法。

（五）创业知识，创业精神

网店的发展需要一定的知识储备，如网络技术知识、创业理念及相关的商业法律知识等。大学生的学习能力强，只要有学习的意识和动力，就可以很快掌握有关创业所需的知识与技能，这些正是大学生的优势所在。即使网店做的不是很顺利，也可以为以后的就业奠定强大的基础。还有大学生经常使用的微信、微博、QQ等，这些都可以作为营销渠道。创业的道路不一定一帆风顺，大学生对创业要有一个非常清楚的认识。首先就是要有敢于冒险的胆量和激情，不懂的事情要敢于学习尝试、不畏难。大学生网上开店还需要学习网店相关的知识和技巧，这个过程需要细心和耐心，要有乐观的心态，不能没有规划，没有目标。否则会使创业的过程变得迷茫且艰辛，还会限制发展。大学生要敢想敢做，相信心有多大舞台就有多大。

（来源：章影，王立敖，婵玥，刘含，郑娜，时代金融，2017年第十期）

## 电子商务环境下农产品销售研究
### ——以大学生创新创业项目"好芒"为例

随着网络时代的不断发展，人们的消费方式在不断发生变化，电子商务这种新的商业模式已经成为目前人类社会发展的主流趋势，优质的商品放到快速的网络平台上，再加上新颖的营销模式和合理的第三方物流配送，必然会创造出可观的经济效益。商务是以信息网络技术为手段，以商品交换为中心的商务活动，是指商务活动的电子化、网络化。电商经济已步入"新常态"，其状态保持平稳增长，网络零售市场中移动端成为主战场。电商在很多方面改变了人们的生活状态和面貌。随着电子商务及互联网的发展，全球化、创新性将成为网络创业、就业的趋势和方向，这对于我国农产品销售也提供了不同的渠道。

## 一、项目背景

随着网络时代的不断发展，电子商务也更加成熟，而人们的消费方式也在不断发生变化，"互联网+"不断深入各个行业，优质的商品放到快速的网络平台，从而形成网上交易。"好芒"是一个基于微信平台的华坪芒果直销品牌，通过互联网的渠道让人们了解，品尝到新鲜、美味的云南华坪芒果。打造一个朝阳品牌，为云南华坪芒果打开一条销路，也让更多消费者在生活闲暇之余与朋友家人一起分享这来自大山上的味道。

## 二、"好芒"的产品介绍

位于云南省西北部金沙江中段北岸的丽江市华坪县，近年来大力发展芒果种植产业，到目前已经初具规模，逐渐有比肩沿海芒果高产地的趋势，且由于其地理位置独特，华坪芒果品质更佳，品种多样，更使华坪芒果具有一个更大的特色：成熟时间较晚。沿海等芒果高产地芒果上市的时间平均是三月到六月，而华坪芒果的上市时间平均为八月以后，这就使得华坪芒果拥有巨大的市场空间。但由于当地芒果产业发展时间较短，果农们信息闭塞，不了解市场的需求关系和价格之间的变化，只注重种植，好的产品却没有好的销售渠道，依旧采用传统的销售方式。面对这样的形势，当地县委政府提出"电子商务进农村"项目，积极打造"互联网+华坪农业"产品模式，并于2016年3月正式全面启动该项目。

初期的投入是四种产量较高、品质较好的四款芒果：圣心芒、凯特芒、热农、澳洲红芒。

## 三、电子商务背景下农产品销售存在问题

### （一）新产品知名度较低

在电子商务快速发展的今天，各种农产品的销售在各大电商平台上竞争

十分激烈，尤其是时鲜水果类在广受消费者青睐的同时也吸引了众多商家的进驻。水果的同质性也导致消费者在选择时更倾向于有一定品牌知名度的产品，而新的品牌知名度低，不能形成品牌效应，极大地影响了产品的销售。

### （二）信息的不对称性

微商城的主要功能是为消费者提供交易平台。首先是微商城的反应不及时，不能和顾客进行及时有效的沟通，几乎不与顾客进行线下交流，不像淘宝天猫等专业的电商平台，利用后台系统发布商品信息，利用阿里旺旺与顾客交流，以至于不能及时作出相对应的策略；其次是第三方物流的不确定性，因为物流是外包出去的，所以对货物的损坏性不能确定，以及不能确定货物到达的具体时间，增加了其时间成本和空间成本，从而造成信息的不对称性。

### （三）品种的季节性

云南华坪芒果可以延迟9~10月上市，可以填补这一时期的没有芒果的市场空白。这是产品的优势，但是2~5月这个时期，没有产品；同时因为其季节性的原因，造成其价格受市场波动影响很大，且同时期也没有可以替换或者互补的产品，所以易造成果农的收入不稳定。

## 四、电子商务背景下农产品销售策略

### （一）提高产品知名度

首先，应针对自己的产品进行消费调查，在发现消费者消费需求喜好的同时也起到一定的品牌宣传作用，还可以考虑在提供售后服务的同时，可以采用转发、积赞赠送或试吃的方式扩大消费群体，由自己的消费群体做口碑宣传，要比广告宣传效果来的实际。

其次，不定期开展产品促销活动，激起消费者兴趣，可在短期内对促销产生明显的效果，对于初上市的产品，有着扩大影响的作用。

最后，加强后期的网络推广，由于前期资金不是很充足，可以先从微博出发，请一些微博人气高的博主做宣传，等后期资金渐渐充足以后，可以通过其他媒介推广。

### （二）降低信息的不对称性

针对微商城反应不及时这一问题，可以每天关注微商城的动态，以及顾客的反馈，并且可以在微信中组建多人聊天，将消费者邀请进来，从而可以及时与其沟通。

针对第三方物流的信息不对称性，可以对各大物流进行比较，选择服务质量好，运输速度快的物流企业，在现有的物流公司中选择一个固定的物流企业，进行长期的物流合作。且与物流公司达成协议，由于物流问题而造成的货物损坏以及不能按时送达，则由物流公司承担责任及赔偿。

（三）降低品种季节性的影响

电子商务在如今的经济发展中起着相当重要的作用，也为我们的生活带来了许多变化与便捷之处，更为传统的销售模式提供了转变的平台，在发展模式上更加注重便捷性与信息的对称性，满足交易的各种需求，给"好芒"这样的朝阳品牌提供了良好的平台，只要产品生产商注重产品质量，政府部门加强对水果业的扶持以及向深加工转移，增强水果产业的竞争力，为当地经济发展做出更大贡献。

（来源：崔建梅、张兴燕，云南师范大学文理学院，2017）

## 电子商务快报

### 李开复：未来五年物联网带来庞大创业机会

创新工场董事长李开复发表了主题为《数位革命：创新创业的黄金时代》的演讲。李开复指出，未来5年，随着物联网、大数据时代的到来，会带来庞大创业机会。李开复表示，创业成本已经达到历史新低，越来越多很聪明的钱和聪明的人都涌入了市场，而未来的市场一定是属于年轻人的，就连孵化器这样的形态，也面临着更年轻天使人的冲击。

**以下为李开复演讲实录：**

很高兴今天有机会来分享，现在我们处在一个很特殊、也令人振奋的时代，我称之为"数位革命"。今天的创业时代比任何一个历史时期都能带来更多的机会。今天我想分享一下在这方面的想法。首先我想谈一下什么是数位革命。

我们很多人都见证了PC的诞生、普及，开始的时候，PC让我们完成工作，然后是互联网把PC串联了起来，让我们能够在人和内容之间有连接的机会，也带来了一些电子商务、娱乐方面的机会。

过去的5年，移动互联网爆发增长，相对PC时代，移动互联网是一个更具爆发力的机会。如果说我们看到PC和互联网在35年带来了20亿台设备的话，那么移动互联网在短短的5年就让这个数字达到了60亿元。互联网时代让人能看内容，移动互联网时代是让人能随时随地随身，不但看到内容，而且还可以接触到。所以在这里可以说最大的两个变革应该是Mobile和Social，它让我们能够随时随地、无所不在地找到任何另外一个其他的人，也可以带来很多新的服务和新的功能。

我们稍微想一下，10年前花多少时间在纸张的书本杂志上面，今天又花多少时间？10年前我们见人是约在餐馆、酒吧，今天我们多少时间人与人的沟通是用Facebook或者其他的方式？在10年前我们多少时间用手提电话，打电话，用语音跟别人交流的，今天我们多少时间是在用各种新的通讯工具来交流的？我们也可以想一想，我们在10年前拍照，多大的程度是靠一个相机，那么今天几乎已经消失了，我们是不是都在用手机和各种美图产品？我们过去花钱多大程度是用现金或者信用卡，今天多大程度是用新的支付方式呢？所以我们的生活方式过去10年已经彻底被颠覆了。

我们的生活被改变了，我们的经济也被改变了。这点我们只要看股票市场就可以了。在20年前只有IBM等，今天世界最大的10个公司，46%的市值都是在这种科技公司。而且我们如果看今天市值最高的10个公司，苹果、微软、谷歌基本都是在二三十年前创立的公司，另外的6家有50年、100年的历史，所以我们可以看到这20多年来迅速有几个公司已经超越了这种百年老店，成为世界最有价值的公司了，这种价值创造的速度是非常快的。

为什么我们今天能够有幸生在这样的时代？历史上有一个巨大的变革就已经很了不起了，比如说工业时代、汽车的发明等等都已经很了不起了，我们今天看到的是有六个现象在同时发生，而且在不断更快地加速发生。

第一是摩尔定律。它带来的就是计算的成本，今天跟30年前相比降低了1万倍。这是一个什么概念呢？如果我们台北的房地产比30年前的价钱降低了1万倍，今天我们1平方米大概是4元新台币。你可以想象如果4元新台币能够买1平方米的台北的房地产，这个会带来多大的经济变革呢？这个就是摩尔定律带来的，只是不在房地产界，是在PC、手机和其他的电子制造业。

第二是电缆、基站等基础设施建设。我们的电信运营者不断地勤奋努力铺着网络，认为可以赚大钱，但是都没有赚到大钱，大钱都给谷歌、Facebook赚去了。但是没有关系，我们还要让他们继续有这个美好的幻想。

第三是创业成本达到历史新低。从一个硬件时代的几千万美元创业，到一个软件时代的几百万美元创业，到了一个互联网创业的几十万美元的创业。

第四是非常快速的成长。因为一切都互联网化了，可以很快地推动。我们看到小米在过去两年中从几百万元增长到了6000万台手机的销售，这个是在过去几乎是不可想象的。如果没有互联网它是做不到的。

第五是越来越多聪明的钱涌入市场。我们可以看到一些聪明的投资人，也可以看到像谷歌去年就花了60亿美元，Facebook花了200亿美元，Facebook作为一个一年营业额只有100多亿美元的公司，花了200多亿美元来做并购跟投资，而且他们投了钱进去以后，是用他们所有的流量、用户、服务去扶持这些公司的成长。

那这些互联网公司到底多有钱呢？我稍微算了一下，美国的互联网公司在银行的现金大概是1600亿美元，中国的互联网公司大概是800亿美元，大概是2∶1的比例。那这些钱都可以做投资并购，我们知道投资不一定要花钱，也可以用股票，然后有各种不同的方式可以做投资跟并购。他们也意识到这样巨大的机会，在疯狂地投钱进入这个市场，而我们回到10年前看我们是不会看到IBM、微软用这样的力度去做投资的。

最后一点就是很多聪明人进入了这个领域，历史告诉我们任何时候，大部分的聪明人都进入某一个领域的时候，那它的时代就即将来临了。

未来的技术会带来怎样的变革？怎样的机会？

第一，这种变革不是一个产品的变革。如果我们只是在想车会不会电子化，或者电视会不会智能化，这些都是想错了。因为这种变革，我们用汽车来当作一个例子，我们看到很多电子车、地图等等服务，未来会产生什么现象呢？不久的将来我们可以看到一辆单人的车没有驾驶，它会在你需要的时候出现在你需要的地方，带你去你要去的地方。

所以整个运输我们如果还在想这个计程车什么事，地铁什么事，那都有一点OUT了，我们要往前面去想。一些我们认为的危机会被一个巨大的变革彻底改变了，以前我们担心石油不够用，现在看到一定不是问题了，如果你还不相信的话可以回顾一下，100年前的纽约市最大的问题，最头疼的问题是什么知道吗？是马粪不知道怎么丢。最后被解决了，并不是因为人告诉马该吃什么让它少拉一点粪，而是汽车产生了。那么今天的汽油问题也会这样发生。如果面临每一个机会都这样想的话，那我们以后的生活、娱乐、居住、学习、教育都会被彻底颠覆。所以我们绝对不能用过去的方法想未来。

未来的电脑能够比你先知道你今天想去哪、想吃什么、去哪里。它的推测会超过我们自己大脑的推测，我们必须要有足够的想象力。就像过去所说，每个公司都要成为互联网公司，每个公司也必须要成为一个大数据公司。

第三谈一谈 IOT（internet of things 万物互联）。我们要仔细想一下，未来的 IOT 不会是一个硬件公司所发明出来的，它需要新的颠覆式的思维。

我们人类总会高估了一两年之内能做的，低估 5 年之后会发生的。但是我不知道会是哪一个应用，但是我非常相信全世界的创业者会告诉我们未来在哪里。

最后一点，未来不是我们能看到的，是我们的孩子能看到的。

我可以确切地告诉你们，每一个最新的应用都是我女儿告诉我的。YouTube 她们教我的，Facebook 也是她们先用的。未来这个趋势会更严重，今天，10 岁、15 岁的孩子们，他们从生出来就是 Mobile Internet 长大的，未来的内容是由他们所创造的。

未来的投资也会有很大的变革，第一个变革就是公司越来越吃钱，在每一轮，这里不是 ABCD 轮的投资价值，几乎过去 4 年每一轮的估值都翻了一倍，这创造了巨大的价值，也带来了很多赚了第一桶金的创业者。

第二点就是这一批第一桶金的创业者，他们赚的钱有些继续创业去了，但是有些做天使投资去。

我现在可以告诉大家在美国最棒的投资者就是年轻创业者，因为他们自己动手过，他们知道一个创业公司该怎么做，他们比投资人更厉害。他们会是未来的投资明星，未来真的是属于年轻人的。加速器、孵化器慢慢也需要改变了，因为加速器、孵化器是要跟这些年轻的天使竞争，所以他们必须要有自己的专长，一个通用的孵化器未来的路会越走越难的。

第三我们刚才也看到了，谷歌、Facebook、百度都在花巨大的钱在投入。这个理由非常简单，"创新者的窘境"。

维持创新机器的永续经营是不可能的事情。这些伟大的公司谷歌、Facebook 他们在做什么呢？他们在砸巨大的钱让他们伟大的时间可以再多延续几年。

第四点，未来市场会面临巨大的危机，对于这些伟大的公司来说。因为上市是糟的事情，要财务透明，还要付出各种代价，股东说每个季度都要有财报，永远不要上市多好。所以现在很多公司，尤其巨大的公司，他可以在私募市场里融 10 亿、20 亿美元的钱，他何必要上市呢？

所以我认为股市吸引的这些钱会越来越困难。这又引发了一些问题，一般的投资人，最赚钱的这一段时间我们普通投资人已经赚不到了。

无论未来如何变革我们可以确定的第五点，最终最棒的投资人绝对不仅仅是有钱的，钱很多，到处在追最棒的投资人，最棒的创业者，所以一个投资人他有钱是远远不够的，应该有非常专长，有很大的增值的空间，还要能够帮助创业者，他最好有很多的钱，因为退出会越来越难，所以这种投资越来越难。

走向全球的两个路径，第一个路径是美国。过去每一个公司都是这条路。但是我们开始看到中国也走向别的国家。为什么中国可以跟美国挑战呢？第一中国市场大，能够把公司养起来，第二中国的用户足够有代表性。中国的用户可能跟欧洲、澳洲是不一样的，但是也许会跟印度尼西亚、巴西或者未来的非洲有一定的共通性，甚至超过美国的公司。

中国的自主创新其实最近5年非常明显地看到是一个不同的情况，中国市场在世界来说比美国大3倍，玩法也不太一样。

比如说滴滴打车和快的打车这两个公司在过去一年就烧掉了24亿元人民币，这就是他们烧钱的市场，可能很疯狂，这两家或许会死一家，但若身处一个非常巨大的市场，领跑者的优势是非常巨大的，所以砸这个钱是一个赌注，是一个非常值得的赌注，也要有非常大的融资的能力。赚钱简单来说，美国人是比较简单的思维，给你一个东西收你的钱，中国的创业者是比较精明的，他会让你不断地认为你是免费地拿到一个东西，然后用其他的方法赚钱。所以一个标准的中国式成功公司，可能跟美国的是不太一样的。

我这样说中国、美国是不太公平，因为如果你衡量一下Facebook其实更多的用的是中国模式，也有中国用的是美国模式，但是大部分的中国公司走的是这个方向。所以因此中国的创业者跟美国的创业者也有很多不同的特质。他们相同的地方是都很重视产品，都知道该专注的时候专注。但是美国可能更有创意，而中国更有强的领导力，能够更迅速有效地执行。

最后我想说数位革命的开始，未来几年虽然中美依然在领跑，但是其实每个小国家都还有他们的机会。

未来是属于年轻人的，产品是年轻人做的，是做给年轻人的，公司是年轻人创造的，了不起的投资人也是年轻人。所以我希望可以和大家一起来更快地推进，更好地推进我们未来的数位革命。谢谢。

（来源：大数据文摘，2015年1月15日）

## 制造业总经理网络创业：
## 最难跨越的不是专业，是思维

2015 年以前，林璟宇是 Sony、特斯拉等国际大品牌供应链厂商东莞中探针公司的总经理，2015 年之后，他决定投入网络创业，现在的身分是集界科技（t，mot）创办人。从传统制造业进入全然陌生的网络世界，过去两年他感受最深的，不是专业技术的跨界、不是心态上的调适，而是商业思维的突破。

### 一、想要在 40 岁这年做点不一样的事，制造人变身网络人

原本在创投公司工作的林璟宇，2005 年跟着团队一起进入刚经历掏空风暴，濒临倒闭危机的中国探针公司，而这一做就是 10 年，也是在这 10 年间，他们一路打进 Sony、特斯拉、微软、华硕等国际大品牌供应链，并因此认识了当时担任印刷大厂正美集团执行长，现在已经升任董事长的蔡国辉，也是这样的机缘，林璟宇后来才会走上网络创业一途。

正美从 2009 年开始研究数位化印刷，2013 年正式大举投资，也在过程中找到和过往不同的商机——二维码。他们相信正美能做的不应该只是印出二维码，还应该可以从二维码这个网络入口延伸出更多服务，诸如防伪、溯源，以及线上、线下行销导流等，从一个单纯贩卖印刷品的公司，变成一家销售"解决方案"的企业。但他们也清楚，正美最擅长的终究是印刷，真要想串起一整套服务，必须得有具备网络服务能力的伙伴支持。

因为正美有这样需求，林璟宇也正好想在自己 40 岁这年做点不一样的事，再加上中探针的营运已相当稳定，他毅然退下了总经理的位子，在正美的支持下，于 2016 年正式创办集界科技这家公司。

### 二、从零开始不可怕，坚持下去就是你的

有趣的是，林璟宇表示过去的他距离网络世界其实非常遥远。"因为制造业就是忙着在制造，每天解决一堆客诉跟（工厂的）人的问题。"所以这个想要利用二维码发展 O2O 数位行销解决方案的人，其实是一直到了 2015 年才第一次听说 Google Analytics、Facebook Pixel 等数位行销工具。虽然听来好像有些可笑，有些不自量力，但对林璟宇来说，因为有过去中探针的经验，

所以从零开始对他来说一点都不陌生。

他还记得当年刚加入中探针,看到财务报表的第一个念头就是:"我们是不是要清算?"因为公司当时没有现金,客户则是因为对公司失去信心而纷纷转单,"客户全跑了。"他说。逼不得已之下,最终他们做出一个大胆决定:"放弃原本的东西,创造全新产品线。"从原本生产应用在印刷电路板,已经杀成一片红海的标准品,转战高度客制化连接器市场。

林璟宇直言当年这个决策相当大胆,但当他们撑过了前2~3年那痛苦得不知道未来在哪的日子后,终于开始陆续打进Sony、任天堂、特斯拉等多家国际大厂供应链,营运也跟着好转。是这段经历和成果让他相信:"只要坚持下去,市场就是你的。"现在创办集界,他也抱持同样的想法。

### 三、专业能力能够追赶,思维转换才是更大挑战

对于林璟宇来说,传统制造业和网络需要的专业领域知识和能力虽大不相同,但技术面的问题只要多用功一点就可以追到一定的水准。他除了自主学习外,甚至也去上了3个月台湾大学资讯系课程,学习程序语言Ruby on Rails。不过他强调,这么做不是想把自己变成程序高手,主要是希望能借此了解工程师的思考和工作模式,也让自己有能力和工程师沟通。因此,如果要说这过去两年真正让他感到难以跨越的,其实是思维。

所谓思维横跨了很多层面。以最直接的销售面为例,在制造业或许只要展现出够好的品质、价格,就有机会拿到订单。但当他在销售集界的二维码解决方案时发现,就算是免费,客户也不一定愿意用。

### 四、不只要改变沟通语言,还要跳脱过去的成功

他特别记得那段时间他跑遍中国台湾超过40家食品、饮品厂商,有一个品牌总监对他说了这么一句话:"你必须帮我想到一个活动只有二维码才能完成。"那位品牌总监认为,如果做得到这件事,品牌商就可能买单,而林璟宇这也才发现,先前他们虽然已经尝试跳脱制造业思维,将焦点放在消费者行为流程设计是否流畅、是否能提高参与感等方向,却没想过从营销人的逻辑去思考、去提出可应用的场景、故事、事件,给他们一个非用二维码不可的理由。毕竟,现在他们要面对的已不再是品牌供应链采购人员,而是营销窗口,说得"语言"也应该要不同。

此外,过去两年让林璟宇特别有感触的,是中国台湾制造业的优点来到

网络世界后，却可能成为弱项。

"台湾制造业的实力真的很强。"他指出，高度客制化能力是中国台湾制造业在全球市场上竞争的一大优势和手段，也因如此，总是可以任客户予取予求，配合度极高。但他直言，过去一年多来集界就是陷入这样的模式，因为一再地提供客制化服务而缺乏标准化导致的结果，就是让集界变成一家长不大的接案型公司。

他一再强调，制造业的客制化能力不是坏事，只是用同样的手段在网络世界竞争会相当辛苦。他举例，今天广告主如果要下 Facebook 或 Google 关键字广告，过程中就必须得依着他们定下来的规矩走，如果不按规矩，就会跳出警示提醒，而不会因为你是谁而给你不一样的待遇。他认为这样的标准化设计一来有助于确保服务能达到一定成效；两者也是因为如此，才能借网络力量，以最快的速度将服务向外扩散。

林璟宇认为，这样的概念听在很多人耳里大概会觉得理所当然，但对中国台湾传统制造业来说，却可能得费一番功夫才能够扭转。

**五、速度感差很大，价值链也不同**

而且需要被扭转的还不只有这一件事。如果从经营管理面来看，林璟宇认为制造业和网络业还有一个很大的不同，就是制造业是采 KPI 导向，网络则是走成长黑客的概念，也就是一个不断试错的过程。"制造业你没办法这样做，因为每次 Prototype（打样）就是很长的时间。"他表示，也因为本质上的不同，两方看待事情的价值链也不在同一条线上。

林璟宇举例，在网络业的价值转换是量愈大愈好，因为是拿数据在赚钱，所以可以先烧钱创造出使用量和数据，再去发展商业模式。然而，制造业是拿利润在赚钱，所以在思维上经常必须要先确认"利益"在哪里，要全部想清楚、谈清楚，经过一番研究规划后才会启动，而这一确认往往就是三四个月时间过去。这是为什么林璟宇会说，即使是经过苹果训练的顶级制造商，打样的速度再快、改变产线的能力再强，和网络服务的速度感也完全不在同一个等级。

（来源：数位时代，2017 年 12 月 27 日）

# 第12章 电子商务的未来展望

## 12.1 导　论

全球经济发展正在进入信息经济时代。随着科技的进步，信息技术革命在全球迅猛发展，电子商务作为一种新的流通方式，在世界各地迅速得到应用，深刻地影响了人们的生产和消费方式，改变了企业和产业之间的竞争形态，给世界各国的经济增长方式带来了巨大的变革。同时，网络化带来的一种新兴生活模式将变得越来越直观，电子商务帮助人们在自己生活中的方方面面都赋予了互联网带来的便利和快捷。我们出行时的网上订票、订酒店，我们购房、装修时的网络团购，我们寻找品牌商品的最佳性价比而进行的代购等，都是电子商务带来的一种影响我们生活习惯的改变。我国电子商务的发展是推进国民经济和社会信息化的重要组成部分，对改变社会经济的运行模式和推动信息产业的发展提供了新的经济发展机遇。

## 12.2 目前我国电子商务面临的挑战

### 12.2.1 安全问题

安全问题是企业应用电子商务最担心的问题，而如何保障电子商务活动的安全，将一直是电子商务的核心研究领域。作为一个安全的电子商务系统，首先必须有一个安全、可靠的通信网络，以保证交易信息安全、迅速地传递；其次必须保证数据库服务器绝对安全，防止黑客闯入网络窃取信息。目前，电子签名和认证是网上比较成熟的安全手段，而在我国大多尚处在对SSL协议的应用上，在 SET 协议上的应用试验才刚刚成功，而要完全实现 SET 协议安全支付，就必须有一个认证中心，而目前在我国 CA 认证权的归属问题尚未确定，在信息安全保密体制上究竟谁来管理？怎么管理？采取什么有序的管理办法？这些问题亟待解决。因为电子商务在我国的企业中还算是新兴模式，对于合理的网络安全管理机制、监督和审计机制还不健全，甚至出现很多漏洞，导致电子商务安全隐患的存在。同时，互联网络还面临着病毒感染、黑客入侵的威胁。因此安全问题是电子商务的主要问题。

（1）信息安全。

信息安全是指由于各种原因引起的信息泄露、信息丢失、信息篡改、信息虚假、信息滞后、信息不完善等，以及由此带来的风险。其表现有：窃取商业机密，泄漏商业机密篡改交易信息，破坏信息的真实性和完整性接收或发送虚假信息；破坏交易、盗取交易成果，伪造交易信息；非法删除交易信息，使交易信息丢失；病毒破坏；黑客入侵等。如果信息被非法窃取或泄露可能给有关企业和个人带来严重的后果和巨大的经济损失。如果不能及时得到准确、完备的信息，企业和个人就无法对交易进行正确的分析和判断，无法做出符合理性的决策。非法删除交易信息和交易信息丢失可能导致经济纠纷，给交易的一方或多方造成经济损失。信息风险的典型表现是网络欺诈，不仅使厂商和消费者在经济上蒙受重大损失，更重要的是可能会使人们对电子商务这种新的经济形式失去信心。

（2）交易安全。

交易安全是指电子商务交易过程中存在的各种不安全因素，包括交易的确认、产品和服务的提供、产品和服务的质量、价款的支付等方面的安全问题。与传统的商务形式不同，电子商务有其自己的特点：市场松散化、主体虚拟化、交易网络化、货币电子化、结算瞬时化等。这使得电子商务的交易风险表现出新的特点，出现新的形式，并且被放大。交易安全问题在现实中很多。例如，卖方利用信息优势，以次充好、以劣当优来发布虚假信息，欺骗购买者，卖方利用参与者身份的不确定性与市场进出的随意性，在提供服务方面不遵守承诺，收取费用却不提供服务或者少提供服务。当然也有相反的情况：买方利用卖方的诚实套取产品和服务，却以匿名、更名或退出市场等方式逃避执行契约合同。

（3）财产安全。

财产安全是指由于各种原因造成电子商务参与者面临的财产等经济利益

风险。财产安全往往是电子商务安全问题的最终形式,也是信息安全问题和交易安全问题的后果。财产安全问题主要表现为财产损失和其他经济损失。前者如:客户的银行资金被盗,交易者被冒名,其财产被窃取等;后者如:信息的泄露、丢失,使企业的信誉受损,经济遭受损失遭受网络攻击或故障,企业电子商务系统效率下降甚至瘫痪等。

### 12.2.2 诚信问题

电子商务的活动是在虚拟的环境下进行的,这种新的营销方式缺少实物的交易。实行交易的双方没有面对面的商谈,也没有具体地控制实物交易的能力,对彼此的身份无法确认,甚至无法预期交易的真实性、有效性、合法性。所以交易双方的信任十分重要,只有彼此相互信任,买方相信产品是合格的、服务是合法的、没有缺陷的;卖方相信对方有一定的支付能力,并且双方都按约定履行交易和达成承诺。诚信是实现成功有效交易的电子商务的灵魂,没有交易双方信用的支持,电子商务就不可能促成长远的发展。现如今,我国的电子商务信用体系还并不完善,诚信问题制约着电子商务的长久发展。

(1) 企业内部电子商务信用管理制度不健全。

西方企业信用意识较强,内部电子商务信用管理机制较为健全,同时拥有先进的技术和发展的个人资料网络。西方企业信用在电子商务交易之前,就对客服信用进行评估,较好地为电子商务的发展奠定了基础。然而我国企业的电子信息技术设备配置较为落后,信息化水平较低,企业内部电子商务信用管理制度还不健全,大多数企业根本就没有设置信用管理部门,交易之前对客户资料的调查,对客户的信用状况缺乏应有的了解,在电子商务中错误选择交易对象而发生违约现象是实属必然。

(2) 信用中介服务落后。

目前,我国缺乏完善的信用管理体系,而且社会信用中介服务行业发展滞后,信用管理行业的市场化程度很低,信用中介机构很多没有自己的信用资料数据库,即使有,规模也普遍较小,信用信息不完整。就是有一些机构为电子商务提供信息服务和信用产品,如信用抽样调查报告、征信评级报告等,市场规划也很小且经营分散,而且整体水平不高。同时,我国使用数据的市场开放度低,缺乏企业和个人信息的正常获取和检索途径,这种情况无疑增加了电子商务信用问题的难度，也是制约电子商务快速发展的原因。

（3）网络上经常发布虚假、不健康甚至违法的商业信息。

互联网的使用形式是多种多样的，因此网络营销中商业信息的发布形式也是多种多样的，如广告、邮件、新闻组、BBS等都可以作为一种信息发布和传播形式。同时，由于互联网的广泛性和发布者的隐蔽性，是谁在发布什么的商业信息，对网络消费者来说是很难判别的，这就为不道德的营销者发布违反道德及虚假的信息提供了机会。

### 12.2.3 网上支付问题

电子商务的核心内容是信息的互相沟通和交流，交易双方通过互联网进行交流，洽谈确认，最后才能发生交易。这时对于通过电子商务手段完成交易的双方来说，银行等金融机构的介入是必须的，银行所起的作用主要是支持和服务，属于商业行为。但从整个电子商务网络的发展来看，将来要在网络上直接进行交易，就需要通过银行的信用卡等各种方式来完成交易，以及在国际贸易中通过与金融网络的连接来支付和收费。而目前我国各个国有银行网络选用的通信平台不统一，不利于各银行间跨行业务的互联、互通和中央银行的金融监管以及宏观调控政策的实施。

### 12.2.4 法制不健全问题

电子商务在我国还是一个全新的领域，与传统的商务活动最大的不同就是在虚拟社区中进行的商务交易，传统的法律制度、市场规则运用到电子商务活动中就会发生冲突。而我国还处于初级发展阶段的电子商务，在法制制度方面还不够健全，假冒伪劣商品时常干扰市场秩序，服务水平较为低下，消费者权益往往得不到充分保护。上述因素都会阻碍电子商务的发展，尤其是电子支付安全、隐私权保护、电子签名、商业合同认证、纠纷调解、网上打假等问题的解决还缺乏相应的游戏规则和制度参照体系，有关法规体系不健全也阻碍了电子商务发展的进程。

### 12.2.5 物流滞后和售后服务不完善

以实物商品为内容的电子商务活动，除了信息流、资金流的处理以外，最终完成交易必然依赖于物流系统。我国辽阔的地域和经济发展的不平衡决定了商品配送的巨大困难。很多城市到目前为止仍没有专业的配送企业，本来网上购物就图个快捷、方便，然而，目前的配送环节大多过程冗余，造成送货不及时、退货不容易。诚然，要求每个电子商务企业都建立自己的配送机构是极不现实也不必要的，但如果与现有的社会体系保持畅通的在线联系，应该成为电子商务企业重视与解决的问题。

### 12.2.6 网络基础设施建设问题

电子商务依靠网络交易，因此良好的网络支持才能有良好的电子交易活动。但是由于我国目前的经济实力和电子技术的发展原因，网络基础设施还没能完全满足电子商务活动的需求。因而我国网络在管理、技术、安全保密等方面的落后，直接影响到电子商务的开展和普及。

## 12.3 新商务模式的入口

商业模式创新是当今企业获得核心竞争力的关键。互联网的出现改变了基本的商业竞争环境和经济规则，使得大量新的商业实践成为可能，一批新型的依靠商业模式创新的企业崛地而起。商业模式创新发挥着显著的"倍增效应"。

### 12.3.1 新零售模式

商业圈曾经有一大话题点是，喊出"要么电子商务，要么无商可务"口号的马云，表态电商概念将消失，阿里不再用电商这个概念。马云认为，线下的企业必须走到线上去，线上的企业也必须深入线下来。电商将消失，指的是电商未来将融入所有商业形态中,就没必要刻意提电商概念了,互联网产业与传统产业间的界限正不断消失,双方不再是谁颠覆谁的关系,而是你中有我我中有你。零售行业未来的大趋势就是,企业将以实体门店、电子商务、移动互联网为核心,通过融合线上线下,实现商品、会员、交易、营销等数据的共融互通,将向顾客提供跨渠道、无缝化体验。

### 12.3.2 直达粉丝(D2F)模式

Direct to Fan 是一种开始于音乐领域的商业模式,如今正被品牌商们广泛应用,主要形态是持续经营和粉丝的社群化关系,并将这种关系用于提升宣传和销售。当下非常流行的网红经济,以及 Kevin Kelly 的 "1000 个粉丝"理论,本质上都是对粉丝的经营。网红一族,甚至被认为是整个新经济力量的体现。新一代的网红,基本等同于生活方式的传播者,包括时尚、健身、宠物、美食、旅行等。网红模式就是向世人展现"美、壕"的生活日常,这些网红亲自穿上自家网店的衣服拍摄一段视频,让粉丝看到衣服在实际生活中的样子,用知名度为网店倒流实现变现。引入网红直播之后,刺激了大量年轻用户群的消费,这也是网红电商受到追捧的关键因素。据悉,2016 年的"双 11",各大电商平台都不约而同地新增了"网红+直播+电商"模式,战果不菲。

### 12.3.3 "不免费"模式

免费商业模式,曾经是互联网行业最为流行的理论,免费现象也冲击了很多产业,尤其是媒体等。很多企业家,会想方设法将免费战略应用到自己的企业,企图为企业带来希望、带来突破。不过,目前"不免费"商业模式重新崛起,就连"免费模式"的扛大旗者周鸿祎,也开始反思了,"在互联网的下半场,原来一些互联网模式不能放之四海皆准,很多 O2O 公司做补贴失败了,做硬件免费硬件亏本卖,不能把 360 免费的概念放之四海皆准,这样的模式早已不再适用。"包括视频网站在内的诸多媒体,也开始拓展收费业务。过去的"免费模式"难以支撑视频网站生存,支付手段的成熟、用户付费习惯的日渐成型以及多年对盗版的打击,再加上人们已经能够清晰地看到付费模式带来的不是蝇头小利,而是对于整个产业链的净化,对优质内容的最好支持。互联网正在经历从免费到付费的演变。知识分享经济"一把火",将免费烧成了付费,走出了重要意义的一步。这些给了我们一个很好的启示:互联网下半场,免费不再放之四海皆准,原来我们还可以设计出一种机制,让消费者自愿买单。

### 12.3.4 以大数据驱动的全局营销模式

全局营销,即全渠道全触点营销模式,就是一种以消费者为全程关注点的消费者渗透模式,以数据为能源,实现"全链路""全媒体""全数据""全渠道"的营销方法论。从长远看,全局营销,不仅仅只是营销方法论上的升级,更是倒逼商业模式变革的重要实践。以大数据驱动的智能营销和超级媒体矩阵的不断构建,让营销数字化具有了数据思维,化线性单向营销思维为立体营销思维,让营销更能打动人心。更进一步,全局营销的大数据式思维,能够让顾客的用户画像更完善和准确,也为企业下一步布局、产品研发、迭代升级、销售策略、售后服务等提供决策依据,提升商业效率和营销精准度。

### 12.3.5 共享经济模式

中欧国际工商学院有一个定义,共享经济为双创提供了一种新思维,即充分利用自身资源,又通过互联网不断降低原始投资成本,创造出更多的商业模式和生活方式。"以 Uber 和亚马逊为例,共享经济将走向算法经济和智能经济。分享经济或许有机会在算法经济与智能经济、技术创新+模式创新、创新人力资源与人才管理等方向出现下一个风口。投资者相信,随着重工业、房地产行业等旧经济引擎放缓,中国政府将支持"共享经济",把它作为一个增长来源。除了车子和房子外,共享经济会扩展到更大的层面,提高社会的资源利用效率,推动新商业生态的变革。2017 年的分享经济为什么还会火爆?拒绝浪费的生活理念是分享经济的理论基础,移动互联网则为分享经济提供了技术支撑。技术在发展,伴随着消费剩余的大风,分享经济就不会停下前进的脚步。

## 12.4 电子商务未来发展契机

### 12.4.1 电子商务的发展分析

(1) 纵深化分析。

电子商务的基础设施将日益完善,支撑环境逐步趋向规范,企业发展电子商务的深度进一步拓展,个人参与电子商务的深度也将得到拓展。图像通信网、多媒体通信网将建成使用,三网合一潮流势不可挡,高速宽带互联网将扮演越来越重要的角色,制约中国电子商务发展的网络"瓶颈"有望得到缓解和逐步解决。我国电子商务的发展将具备良好的网络平台和运行环境。电子商务的支撑环境逐步趋向规范和完善。个人对电子商务的应用将从目前点对点的直线方式走向多点的智能式发展。

(2) 个性化分析。

个性化定制信息需求将会强劲,个性化商品的深度参与成为必然。互联网的出现、发展和普及本身就是对传统秩序型经济社会组织中个人的一种解放,使个性的张扬和创造力的发挥有了一个更加有利的平台,也使消费者主权的实现有了更有效的技术基础。在这方面,个性化定制信息需求和个性化商品需求将成为发展方向,消费者把个人的偏好参与到商品的设计和制造过程中去,对所有面向个人消费者的电子商务活动来说,提供多样化的比传统商业更具有个性化的服务,是决定今后成败的关键因素。

(3) 强化分析。

面向消费者的垂直型网站和专业化网站前景看好,面向行业的专业电子商务平台发展潜力大。一是面向个人消费者的专业化趋势。要满足消费者个性化的要求,提供专业化的产品线和专业水准的服务至关重要。今后若干年内我国上网人口仍将是以中高收入水平的人群为主,他们购买力强,受教育程度高,消费个性化需求比较强烈。所以相对而言,提供一条龙服务的垂直型网站及某类产品和服务的专业网站发展潜力更大。二是面向企业客户的专业化趋势。对B2B电子商务模式来说,以大的行业为依托的专业电子商务平台前景看好。

### 12.4.2 电子商务发展趋势

（1）国际化趋势。

中国电子商务必然走向世界，同时也面临着世界电子商务强手的严峻挑战。互联网最大的优势之一就是超越时间、空间的限制，能够有效地打破国家和地区之间各种有形和无形的障碍，这对促进每个国家和地区对外经济、技术、资金、信息等的交流将起到革命性的作用。电子商务将有力地刺激对外贸易。因此，我国电子商务企业将随着国际电子商务环境的规范和完善逐步走向世界。我国企业可以由此同发达国家真正站在一个起跑线上，变我国在市场经济轨道上的后发劣势为后发优势。电子商务对我国的中小企业开拓国际市场，利用好国外各种资源是一个千载难逢的有利时机。

（2）区域化趋势。

立足中国国情采取有重点的区域化战略是有效扩大网上营销规模和效益的必然途径。中国电子商务的区域由优势与前面强调的国际化优势并不矛盾。区域化优势是就中国独特的国情条件而言的。中国是一个人口众多、幅员辽阔的大国，社会群体在收入、观念、文化水平等很多方面都有不同的特点。我国虽然总体上仍然是一个收入比较低的发展中国家，但地区经济发展的不平衡所反映出来的经济发展的阶段性，收入结构的层次十分明显。在可以预见的今后相当长的时间内，上网人口仍将以大城市，中等城市和沿海经济发达地区为主，B2B的电子商务模式区域性特征非常明显。以这种模式为主的电子商务企业在资源规划、配送体系建设、市场推广等都必须充分考虑这一现实，采取有重点的区域化战略，才能最有效地扩大网上营销的规模和效益。

（3）融合化趋势。

电子商务网站在最初的全面开花之后必然走向新的融合。一是同类网站之间的合并。目前大量的网站属于"重复建设"，定位相同或相近，业务内容相似，激烈竞争的结果只能是少数企业最终胜出，处于弱势状态的网站最终免不了被吃掉或者关门的结果。二是同类别网站之间互补性的兼并。那些处于领先地位的电子商务企业在资源、品牌、客户规模等诸方面虽然有很大优势，但这毕竟是相对而言的，与国外著名电子商务企业相比不是一个数量级的。这些具备良好基础和发展前景的网站在扩张的过程中必然采取收购策略，主要的模式将是互补性收购。三是战略联盟。由于个性化、专业化是电子商务发展的两大趋势，每个网站在资源方面总是有限的，客户需求又是全方位的，所以不同类型的网站以战略联盟的形式互相协作将成为必然。

## 12.5 结　　论

随着经济全球化和信息技术与信息产业迅速发展，电子商务将成为今后信息交流的热点，成为各国争先发展、各个产业部门最为关注的领域。电子商务是国民经济社会信息化的重要组成部分，大力推进我国电子商务是贯彻科学发展观的客观要求，是转变经济增长方式，应对全球化挑战的有效举措。中国已经成为电商第一大国，我们想凝聚所有的力量去抢占全球未来产业体系的高端，就是新一代电商。

### 数位实证解读

#### 马云："电商"一词将淘汰，纯电商玩家将面临巨大挑战

2016年10月13日，主题为"飞天·进化"的2016阿里云云栖大会在杭州云栖小镇正式召开。大会由杭州市政府和阿里巴巴集团主办。与去年相比，本次大会规模无论从持续时间、参展企业还是参会人员都扩大了两倍。

作为云栖大会最受关注的演讲嘉宾，阿里巴巴集团董事局主席马云为观众带来了此次大会的开场演讲。马云表示，未来30年必将是人类社会天翻地覆的30年，"电子商务"一词将会被淘汰，把握好未来五个新趋势，任何人都有成功的机会。

马云称，真正冲击传统行业的是传统的陈旧思想，是对未来的无知与拒绝。在未来，互联网作为一种技术和思想将无处不在。在未来的30年，技术会应用到人们的方方面面。

另外，马云直言，纯电商时代将很快结束，传统的电子商务在未来将会

被淘汰。阿里巴巴明年将不再提"电子商务"一说。他坦言，电子商务只是一条通往河岸两端的摆渡船，而融入大数据、人工智能的新零售模式在未来将取而代之。

图片来源：http://finance.ifeng.com/a/20161013/14934678_0.shtml。

同时，包括新零售在内的"五大新"发展趋势，也是马云此次的演讲重点：

第一是新零售：现在，传统零售行业无疑受到了电商的冲击。但马云认为，他们只是看到了昨天的零售，而忽略了拥抱明天。传统零售应该利用大数据、物流、电子商务来打造新零售。而在新零售下的电商，又势必会对纯电商带来冲击。所以零售从业者必须拥抱改变。

第二是新制造：过去的制造讲求规模化与标准化。而未来30年的制造业必将讲求智慧化、个性化与定制化。未来智能制造业必须实现个性与定制，否则制造业将被摧毁。因为未来是IOT革命时代，人工智能将让机器变得智慧，而制造业也将从传统的B2C模式向C2B转变。所以制造企业必须改变自己，适应市场，适应消费者。

第三是新金融：新金融的诞生将加快社会变革。过去的金融支持了传统工业发展，符合典型的"二八理论"。而未来，新金融将支持"八二理论"，支持80%的小企业，年轻人与消费者。新金融的诞生也势必对过去金融有冲击，它能够创造出真正的信用体系，创造普惠金融，给创业者、小企业与消费者带来福利。

第四是新技术：过去PC时代的传统IT架构与技术，将在未来大量向移动端转变,并且由物联网、大数据、人工智能带来的新技术,将会改变人们生活的方方面面。

第五是新资源:过去的资源是石油、煤炭。而未来资源必将是数据。数据是人类第一次自己创造的资源,它重复利用的价值比任何资源都高,是越用越值钱的资源。未来大数据的价值将越来越大。

以下是此次马云的演讲实录。

**一、未来30年,人类社会将翻天覆地**

1995年我刚开始互联网创业的时候,全世界互联网的用户可能不到5万人,全世界的互联网从业者不到5万人。但是今天到云栖大会参加会议的人已经接近5万人。这21年来的变化,令全世界震撼,特别是今天全世界用互联网的人口已经超过了20亿。

十几年以前,有一次我跟朋友在西湖边上聊天。我说将来会有一个新的世界诞生,这个世界会被人称之为虚拟的世界,这个世界会有一个新的大陆,这个世界所有的人都会在网络上发生关联。今天,我们真正诞生了一个新的世界,一个新的经济体,一个超过了20亿人的强大的世界经济发展的新基础。

我觉得这给每个人带来了巨大的空间。三次技术革命,第一次技术革命释放了人的体力,第二次技术革命释放了人的距离,这次技术革命将会释放人的大脑。每次技术革命大概都花了50年时间。前20年基本上是纯技术公司的竞争、发展,而未来的30年,基本上是技术的应用。技术会应用到方方面面、社会各行各业。

最近一直有人问我,互联网公司有边界吗?阿里巴巴似乎无处不在,腾讯似乎也无处不在,Facebook也一样,你们这些互联网公司有没有边界?我说:互联网没有边界,就像电没有边界一样。100多年以前,你不能说这个行业可以用电,那个行业不能用电,电是没有边界的。互联网是一种技术,是一种思想,是一种未来。

有人讲,互联网经济或者电子商务是一个虚拟经济。我不认为它是虚拟经济,它是一个未来的经济。很多人都在说,"互联网在冲击各行各业""电子商务打击、摧毁或者冲击了传统商业"。

我认为,电子商务没有冲击传统的商业,更没有打击传统商业。电子商务只是把握了互联网的技术、互联网的思想,知道未来的经济将完全基于互联网。我们抓住了互联网的技术，在上面创造出一个适应未来的商业模式，那就是电子商务。真正冲击各行各业、冲击就业、冲击传统思想、冲击传统行业的，是我们昨天的思想，是对未来的无知、是对未来的不拥抱。

所以，我并不觉得我们今天在座的每个人要担心什么。真正担心的，是我们对昨天的依赖。世界的变化远远超过大家的想象，未来的30年，是人类社会天翻地覆的30年。

我想提醒大家，我们国家从政府到企业到各行各业，都没有意识到这场技术革命对人类会带来多大的冲击。很多我们认为很正常的事情，很多我们昨天做得非常好的事情，很多我们认为是最佳的就业机会的事情，都会被颠覆和改变。人类将会失去很多的就业机会，人类也会诞生很多新的就业机会。

其实，第一次技术革命带来的结果是第一次世界大战。第二次技术革命造成了第二次世界大战。这次的技术革命是人类思想的解放，这次技术革命是人类智慧的开发。（结果）会诞生第三次世界大战或是什么？如果人类没有共同的目标，那么人类将会自己开始发动战争，这次技术革命，要解决的问题应该是贫穷的问题，应该解决的问题是疾病的问题，应该解决的是环境和持续发展的问题。我想告诉大家，这次技术革命，未来30年，每个人都有机会。

前天我在泰国参加了ACD领导人会议，亚洲34个国家和地区的元首在那。我呼吁各国要为未来的30年制定独特的政策。其实德国工业4.0，中国制造2025，加上前几天我在泰国听说泰国的National plan跟4.0一样，现在每个国家都在为自己的年轻人，在为自己的未来创新。未来世界的竞争是创新的竞争，是年轻人的竞争，在未来这20亿人口的世界将会越来越大。

所以我想提醒大家，未来的30年是每个人的机会，各国政府都必须为未来30年制订自己创新未来发展的政策，为自己国家的年轻人制定政策。所以我呼吁各国为30岁以下的年轻人制定独特的政策，为30个人以下的小企业制定独特的政策。

过去几十年，各国政府的政策都是为大企业制定的，如果我们能够真正为小企业制定政策，那么我相信世界将会更加美好，各国小企业，我相信机会也越来越多，以前创业你可能要钱，你可能要资源，你可能要各种各样的关系。

未来，只要利用技术、数据和创新，人人将会有机会。以前的大企业，目的是为获得更多的利润，获得更多的资源。未来的大企业，如果你想要做得更好，你必须担当社会的责任，你必须为无数的人创造基础设施，提供资源。很多大企业这几年讲得最多的是生态资源，我听见的生态资源是大家希望利用生态资源，把自己做得越来越强大。而我认为，未来的大企业必须是做一个生态环境，帮助这个生态的人活得越好。只有生态越好，大企业才会活得越好。所以大企业要为自己的生态担当责任，真正去帮助生态里的其他企业活得更好。

不是技术冲击了你，而是传统思想、保守思想、昨天的观念冲击了你，不是电子商务冲击了传统商业，而是你对未来的不把握，冲击了你的商业。

### 二、未来将出现五个新趋势，"电子商务"一词将被淘汰

另外，大家都知道阿里巴巴是电子商务企业，其实阿里巴巴的业务里，最传统的一块业务被称之为电子商务。"电子商务"这个字可能很快就被淘汰。其实我们从明年开始，阿里巴巴将不再提"电子商务"这一说，因为电子商务只是一个连接河岸两端的摆渡的船。我们认为，未来有五个新的发展将会深刻地影响到中国、影响到世界，影响到我们未来的所有人。

为什么电子商务是一个传统的概念？纯电子商务将会成为一个传统的概念？20多年以前，我们开始做互联网的时候，其实我们并不是一开始就做淘宝、天猫、支付宝，我们到2003年才意识到未来的商业将会发生天翻地覆的变化，2004年我们才意识到也许我们这么做下去，金融会发生巨大的变化。所以2003年、2004年，其实我在全中国做过至少不亚于200场的演讲，跟无数的企业交流未来新的商业模式、新的电子商务将会改变很多商业的形态。我相信那时候绝大部分企业并不把它当一回事情。

但是今天电子商务发展起来了，纯电商时代很快会结束。未来的10年、20年，没有电子商务这一说，只有新零售这一说。也就是说，线上线下和物流必须结合在一起，才能诞生真正的新零售。线下的企业必须走到线上去，线上的企业必须走到线下来，线上线下加上现代物流合在一起，才能真正创造出新的零售起来。物流公司的本质不仅仅是要做到比谁做得更快，而物流的本质是真正消灭库存，让库存管理得更好，让企业库存降到零，只有这个目的，才能真正达到所有的物流真正的本质。

我相信第一个新称之为新零售。现代都市里面，很多传统零售行业受

到了电商或者互联网巨大的冲击,我个人觉得是他们没有把握未来的技术,没有看未来,只看到昨天,如何适应这个新的技术,如何和互联网公司进行合作,如何和现代物流进行合作,如何利用好大数据。必须打造新零售,原来的房地产模式为主的零售行业一定会受到冲击,今天不冲击,你活得时间也不会太长,新零售的诞生,对纯线下也会带来冲击,我们提出第一个新零售。

第二个新制造。过去二三十年,制造讲究规模化、标准化,未来30年制造讲究智慧化、个性化和定制化,如果不从个性化和定制化着手,任何制造行业一定会被摧毁。所以从零售以后开始的第二次巨大的技术革命,那就是IOT的革命,就是所谓人工智能、智能机器。未来的机器吃的不是电,未来的机器用的是数据,所以希望大家高度重视,所有的制造行业,由于零售行业发生变化,原来的B2C的制造模式将会彻底走向C2B的改造,也就是说按需定制。

我们今天讲的供给侧的改革,就是改革自己、适应市场,改革自己、适应消费者。所以希望大家千万注意IOT的变革,未来的新制造的诞生,对我们长江三角洲地区和珠江三角洲地区原来以规模化和标准化制造的一些行业的方方面面的冲击,远远超过大家的想象。

另外,我们提出第三个变革,称之为新金融的变革,新金融的诞生也会加快整个社会的变革。过去的金融,200年来支持了工业经济的发展。过去200年是"二八理论",只要支持20%的大企业就能拉动世界80%的发展。但是未来新金融必须去支持"八二理论",如何支持那些80%的中小企业、个性化企业、年轻人、消费者,以前的金融是想解决80%那些中小企业、那些创新创业者、那些消费者,但是它的IT基础设施,原来的设计思考没办法完成。

诞生互联网金融以后,互联网金融希望解决的是更加公平、更加透明、更加支持那些80%昨天没有被支持到的人,所以今天新金融的诞生势必对昨天的金融机构有一定的冲击和影响,但是这个机会也是大家的。我希望能够看到真正的互联网金融的诞生,能够创造出真正的信用体系,基于数据的信用体系才能够让全世界产生真正的普惠金融,让每一个人,只要你用到钱,你想要钱,都能得到钱,你得到的是足够的钱,而不是很多的钱,也不是永远得不到的钱。

所以新金融的诞生,会给所有创业者、年轻人、小企业带来无比的福祉,我相信未来的10年内，一定能看到巨大的发展，这也是蚂蚁金服所担当的责任，我们希望让信用变成财富，我们希望让每一个人能够获得金融的支持，真正出现公平、透明、开放的普惠金融体系。

另外还有一个叫新技术的诞生，出现了移动互联网以后，也许原来以PC为主的芯片将会是移动芯片，操作系统是移动的操作系统，原来的机器制造将会变成人工智能，原来机器吃的是电，未来机器吃的是数据。未来层出不穷基于互联网、基于大数据技术的诞生，这又为人类创造了无数的想象和空间。

还有就是新资源，过去的发展是基于石油和煤，未来的技术发展基于新能源，那就是数据，按照王坚博士讲数据是人类第一次自己创造了能源、创造了资源，衣服人家穿过，你穿就会不值钱，数据是人家用过，你用会更值钱，你用过以后出去更值钱，是越用越值钱的东西。

所以我希望大家记住，这五个新将会冲击很多行业。今天我们先提了，不要20年以后说你们又破坏了我们，新零售、新制造、新金融、新技术、新能源，这五个新将会方方面面的，对各行各业发动巨大的冲击和影响，把握则胜。我不希望把它变成危言耸听的警示，而是当作改变自己的机遇，从现在开始。

政府也是一样的道理。我们希望未来政府招商，以前传统的"五通一平"将会变成新的"五通一平"，你是否通新零售，你是否通新制造，你是否通新金融，你是否通新技术，你是否通新能源。"一平"，就是你是否能够提供一个公平创业的环境和竞争的环境。如果是新的"五通一平"，传统的"五通一平"是靠税收政策、土地政策，我相信这样并不公平。未来的变革远超我们的想象，过去基本上是以知识驱动了科技革命，我想未来的趋势，不仅仅知识的驱动，未来是智慧驱动、数据驱动。

### 三、恐惧来自对未来的无知，其实未来并不可怕

请大家记住，过去100年，高科技的发展，技术的发展，人类眼睛是向外看的，因此我们到了月亮，我们看到了火星，我们永远在希望知道自己要什么。但是未来的30年，我们是智慧驱动，智慧驱动是内向驱动，向内看。只有人类学会向内看，人类才明白什么是我不要的东西。

过去的100年，人类知道这是我要的，未来的100年，我们必须学会什么是我不要的东西，所以在座的创业者，只有知道自己什么是不要的，你才

懂得什么是你必须要坚持的东西。

我希望大家把握住未来整个世界的趋势，从知识驱动走向智能驱动，从原来的规模驱动和标准化驱动，走向灵活和定制为驱动，大学教育也会发生天翻地覆的变化。我们知道一点，过去20年或者30年来，我们把人变成了机器。未来的20年和30年，我们将会把机器变成人，我们人类创造了机器，使机器比人力气大。我们几乎没有挑战，我们人类创造了火车和飞机，大家都知道人比不过火车和飞机，速度谁快，距离谁遥远。今天人类创造了计算机，计算机一定比人更聪明，因为计算机不会累，没有情绪，不会发脾气，对它来讲，它永远只要加了数据以后，它会越来越聪明，但是计算机不可能统治人类。

过去的机器是人类的工具，未来的机器是人类的合作伙伴，我们学会和机器进行工作，我们要明白机器不可能有智慧，机器不可能有使命，机器也做不到价值观，也不可能有很好的这套文化体系。

所以希望大家把握住这个未来，世界的变化远远超过大家的想象，这个想象就是我们要求的是大学必须改造原来的教育体系，原来的大学只传授，我说"教、育、学、习"是不一样的概念，教是传授知识，育是传授文化，学的是知识，习的是智慧。

我希望未来大学多关注的是创造力和想象力的培养，如果纯是用知识的话，我相信我们未来的大学生面临的挑战也会越来越大，因为21世纪以后，核心词是创新，是想象力，是变革。未来的机器比你聪明的时候，不要沮丧，我们比机器更厉害的是我们对文化的把握，对愿景的思考，我们对想象力这一方面是人类巨大的机会所在。

未来并不可怕，只要你去把握，恐惧来自对未来的无知。前几天有人跟我讲一个蛮有意思的话题，说霍金讲人类千万不要跟外星来的人进行沟通，因为这是很可怕，一旦进来以后会怎么样，大家觉得如果互联网电子商务、互联网大数据这么可怕，我们是否要把握它，是否拒绝，不要跟它沟通？因为它的冲击实在太大。

我自己觉得，外星文明，首先我认为，没有"外星人"这一说法，如果有外星人，是把人类看得太伟大了。只有"外星文明"可能存在。它跟人长得并不一样。外星文明，你一无所知，它了解你，你不了解它，这是很可怕的事情，也许存在这样的道理。

但是对于未来，互联网带动的第三次技术革命，人类是可以获得，因为互联网文明不是从外星来的，它是人类文明自己诞生的成果，是人类科技发展，只要去把握它、学习它，谁都不可能被淘汰，谁去抵触未来，谁不把握未来，谁不改变自己的今天，谁一定会被历史所淘汰。

谢谢各位，祝未来30年，我们大家都有美好的未来，希望我们的年轻人、小企业把握机会，创造未来，当然年纪大的人，能够享受未来！

（文章来自微信号：猎云网（ilieyun）作者：王艺多，2016年10月13日）

## 电子商务快报

### 登上美国App Store免费榜首的区块链"汗币"App

如果你能打开美区苹果应用商店，会发现盘踞在免费榜榜首的是一款名叫"Sweatcoin"的健身类应用，身在英国的研发团队还特意在后面加了一句解释："用汗液呼唤钱币"（Coin For Sweat）。

Sweatcoin的工作原理是这样的：它计下你走路/跑步的步数，每1000步给你支付0.95个数字货币"Sweatcoin"（我们姑且称之为"汗币"吧）；汗币可以在APP里兑换入驻商家提供的商品或服务，如瑜伽课程、跑鞋或者是游戏机，也可以捐赠给和研发团队有合作关系的慈善机构，或是转赠给其他用户。看起来，没什么特别的，很多健康类应用里都有类似的积分商城，支付宝还能直接捐赠步数支持公益项目呢。

2016年Sweatcoin在英国刚上线时，共同创办人Oleg Fomenko曾告诉路透社自己的雄雄野心，"最终，汗币的汇率是要和英镑挂钩的"。研发团队解释自己做Sweatcoin的初心：很多人总是信誓旦旦地开始健身或减肥，但两三天之后，或许就开始掉链子，很难坚持下来；Sweatcoin希望能用汗币这种奖励机制，让人们迈出的每一步都得到回报，激发他们更多的健身动力。

当时，有网友在相关新闻下留言："英国人得有多懒，才需要这种激励"。还有网友提出了自己建设性的意见："说起减肥，这应用难道不应该在美国上线吗？"从技术上来说，为了防止用户大力甩手机获取汗币，Sweatcoin将从手机上收集到的GPS信息和步数及其他运动相关数据进行比对，一旦有一项不符，汗币便不能被兑换。

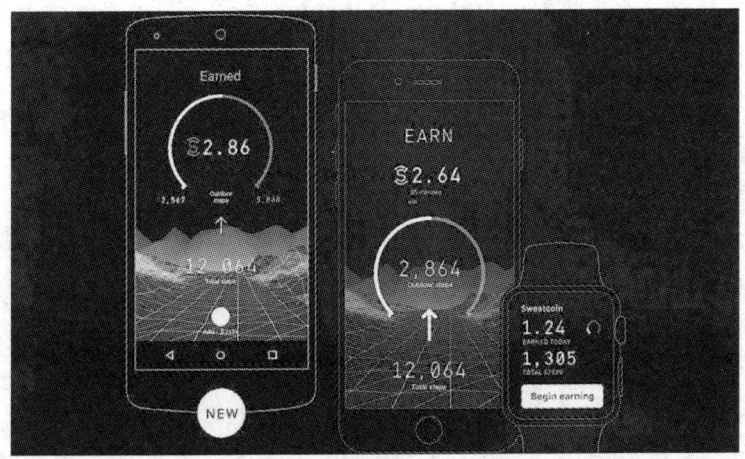

图片来源：Pixabay 网页。

不过，这款应用最近被人关注还有另一个重要原因——Fomenko 宣称他们采用了防篡改的区块链技术来管理分配汗币，就像大家熟知的比特币一样。目前，已经有人公开交易汗币。仅在美国社交新闻网站 Reddit 的一则贴文里，便有上百人抛售或求购汗币，交易者表示接受美元、英镑或比特币支付，价格虽有浮动，但均价大概在每枚 5~6 美分。富比士网站在 2016 年的报道中认为，如果 Sweatcoin 能够获得足够多的用户，或许汗币可以被当作支付工具，用在保险公司或其他和健康相关的企业中。Sweatcoin 如今只在美国、英国和爱尔兰上线。

（来源：数位时代，2018 年 1 月 15 日）

## 李广海：数字技术发展给电商带来的趋势

2016 年 4 月 11~12 日，由浙江省人民政府主办，中国服务贸易协会电子商务委员会、中国电子商务产业联盟、义乌市人民政府联合承办的 2016 世界电子商务大会在义乌幸福湖国际会议中心举行。

埃森哲大中华区的副总裁李广海在会上介绍了 2016 年技术趋势的五个关键点：第一，智能自动，它使我们整个的电商的过程、客户购买的过程更加快捷，更加友好，对商家而言更加能够实现最好的效益；第二，柔性团队，未来用外部人才外来人力资源的可能性越来越大，企业管理外部的员工或者外部人力资源的能力将成为一个常态；第三，平台，平台经济；第四，颠覆，所有的东西都有生命周期，关键是如何持续的创新；第五，数字道德，分为：数据安全、数据道德、企业道德。保护用户隐私，坚守道德底线，诚信经营是未来互联网时代特别重要的一个成功的竞争因素。

以下为现场速记全文，或存纰漏。

我这个题目叫"数字技术发展给电商带来的趋势"。我们大家都知道数字技术发展特别快，它到底快到一个什么样的地步？互联网，现在的互联网这么好这么热，其实还是有一批人认为这是一个噱头，这是一个阶段性的，跟2001年、2002年的互联网泡沫是一样的。实际上是很不一样的，是革命性的不一样，一个很重要的不一样的点是，埃森哲作为一家世界上最大的咨询公司，我们从几年之前开始比较战略的，在战略层面重视"互联网+"，重视数字化。发现有几个特别大的变化，我们现在跟过去比。第一个是数字技术跟以前是完全不一样了，在人类历史上第一次，人类的计算能力、存储能力、通讯能力，包括移动技术的发展，飞入了寻常百姓家，使我们在座的每一个人，包括农民包括非洲的人，都能用上手机，这在人类历史上是不可能的。即使在四五年前，用手机看电影，大家还觉得这个事不怎么靠谱。

今天，用手机看电影，看视频，已经很常见了。所以这样的技术的发展特别厉害。还有技术的成本大幅度下降，给大家举个很简单的例子，1980年的时候1个G的硬盘要50万美元，现在大概要2~3美分，如果大批量的买的话。所以好的技术已经成本降到快到零了，所以我们才有可能，这些先进的数字技术能够让我们每个人都用到，让每个企业都用到。所以我们的生活才能改变，我们"90后""00后"这一代人变成了数字时代的原住民。"60后""70后"还讲"互联网+"，"90后""00后"有什么"互联网+"的？对他们来说所有的事情就是互联网，他们就生活在互联网的时代。所以这是很不一样的情况，对他们来说是空气和水。在新的未来的，再过5年10年，这批消费者成为行业主流的时候，现在所有的业务模式都会被颠覆，不可能存在了。大家以为现在很主流的，你觉得很成功的，其实再过3年5年都会变掉。这是一个很大的变化。所以消费者，整个的消费行为在发生革命性的变化。

还有就是未来我们面临的竞争，是跟过去特别不一样的。你把它叫作颠覆性竞争也好，跨界竞争也好，它反正很不一样。不一样在哪？很多时候它是免费竞争的，它就给传统企业一个特别大的打击，大家都知道世界五百强、世界100强，干什么事？没法跟我们比，干一个事得先做预算，我要做一个互联网网站，经过严肃认真的计算，要300万元人民币，要好几级领导批，然后才做了。等做了，不够，再跟领导要，领导说这很不严肃嘛，花了300万元什么都没干成。这怎么能像滴滴一样，几百亿元烧下去了。而且不是不可持续的，搞好了是可以持续的，这是很痛苦的，对于传统企业，这的确是新经济时代的企业的重要的机会。

还有就是技术的发展导致了一个很大的变化，刚才我们e袋洗的陆总说，未来这人的消费行为会发生很大的变化。其实我们做跨境电商的同仁，你现在其实做的主要还是实物，国内的实物卖到国外，国外的实物卖到国内。从趋势上来说，实物肯定越来越少，大家吃的东西比以前多还是少？你们家买东西比以前买得多还是买得少？随着生活水平的提高，不会像土豪一样乱花钱，你会花得更少更简单。其实未来虚拟产品的市场会越来越超过实物产品。虚拟的产品怎么在互联网上做电商，这是很不一样的。我们今天可能还在欢呼，但是一定要预测到，未来几年一定实物产品是会逐步地停滞甚至下降。

大家可以看到，随着新型互联网模式的发展，很多东西就在下降。汽车为什么面临很大的问题？有了滴滴打车，不用再买那么多汽车了，一叫就来了，Uber就来了，为什么要买好几辆汽车存在家里？又占地库又要去修，还有很多麻烦事，还要限行。像e袋洗，为什么要买个洗衣机放在家里？有了e袋洗就不用买洗衣机了，这样生产商会很痛苦。最终实物是会下降的，而人的精神占的比例会越来越大。这是一个趋势。

因为技术对企业对商业的影响，未来3到5年的变化，我们都会做一个趋势的预判。我们从2013年就开始做这方面的预测，2013年我们叫作企业全面数字化的元年，这之前大家都不怎么谈，也就是从去年开始中国"互联网+"才开始火起来，这之前大家都说电商等等的。其实"互联网+"和电商是很不一样的。这些细节我就不细说了。

到了今年我们推出了五个趋势，一个一个给大家介绍一下。尤其是它跟我们电商的关系。

一个叫智能自动，自动化大家都知道，大家原来想象的自动化，就是有个机器，原来怎么操作。或者原来是手工的，现在有机器帮你干活了，而且这个机器越来越自动了，这是传统的自动化。新的自动化是让机器帮你干你原来不一定用机器干的事，比如说大家知道的AlphaGO，用机器帮你下棋。

包括企业用大数据，用机器帮你分析，分析完了之后比你分析得还好。对于电商而言，大家看这个图，电商从消费者买东西到你卖给他到你送给他到制造的过程中，这些自动的人工智能加自动技术有什么用途。

这里有一个技术，用照相机一照，用手机一照，这个产品的信息就找出来了。不知道国内有没有用过，有一个葡萄酒，拿这个手机一照这个酒标，它就告诉你这是什么酒、叫什么名字、哪年产的、当年什么气候。喝酒的同仁们，喝葡萄酒的人很会显摆的，到那里讲了一套一套的，在法国那一年的秋天是什么样的气候，当好夏天比较短，所以出来的酒比较好，甜中带什么味的。你听了觉得很厉害。现在不用学习那么多了，扫下来到厕所看一眼，回来讲的一套一套的，让人觉得你好像在法国生活了 20 年一样。帮你下棋，帮你干这些事，都是大幅度提高了我们的福利。

买东西的时候，要决策，都会很快，这是从消费者而言。还有就是实时的定价，大家知道机器，根据大数据，根据你过去的消费行为，根据你过去的整个的数据，可以判断给你什么样的价格最合适，实时定价。你一定去，说我要看什么东西，它可能给你最合适的定价。对于我们草根而言，可能给我便宜 5 元 10 元我就会买了。对于某一批土豪而言，他要给你加价，在后面加个零你才会买，因为你不买好的只买贵的，太便宜不行。后面加个零，一看，这很适合，我买。这不是假的，这是真的。像北京的赛特，里面的衣服写 10 元没有人买，写 100 元、1000 元才有人买。实时定价可以让价格最合适，又可以把顾客留住又能卖出好价钱。

包括用机器，用计算机系统来帮你分析客户的反馈行为，给物流、制造提供实时的信息。总而言之，它使我们整个的电商的过程、客户购买的过程更加快捷、更加友好，对商家而言更加能够实现最好的效益。当然了，还有最好的，加上有温度的感觉，有情感，那当然更好。这些机器在逐步实现，能够帮我们干到这些。所以对我们从事电商的同仁而言，这些技术发展是很快的，它会极致地提升消费者的体验。那么对你来说，是一个很大的竞争的要素。

第二个就是柔性团队，刚才陆总也说了，未来的这些消费者，据我们研究，1990 年以后的这些人一辈子只在一个地方工作的可能性越来越低了，通常他们更愿意在一个地方短期工作，工作一段时间换个工作，找找新的感觉，或者去读书或者去外国留学等。美国也是，也发展得不太愿意永久在一个公司工作。还有随着技术的发展，我们要留住某些员工越来越难。大家知道，某些关键的员工，比大数据，还难留住的，你给他几百万元，没用，好不容易培养得不错了，都被百度和腾讯挖走了，他出的工资比你还高，市场稀缺。怎么办？你就要想办法用社会上的人。未来用外部人才外来人力资源的可能性越来越大，企业管理外部的员工或者外部人力资源的能力将成为一个常态。最近出现的阿米巴制、合伙人制，都跟这个有关系，由你的团队组织，你给他提供一部分的平台、资金、资源，他去发展，未来挣了钱你们分。未来这样的组织会更为常见，这是另一个跟现在很不一样的。

还有一个就是平台，平台经济大家都知道，腾讯、百度，都是号称平台，中国互联网这几大平台都垄断了各行各业了。我们怎么活怎么发展？

首先我们要认识这是一个正常的，既然有平台，你就要想办法去用，不能说我不用，有那么多客户资源为什么不用？

第二，平台肯定是好的，我们每个人都想建平台，但是平台不是你想出来的，是做出来的。从刚才的 e 袋洗，一不小心，单单洗鞋洗衣服就做到几千万用户了，它自己就成为平台了。如果有一天我们可以发展到几千万几亿的用户，不用想你就是一个平台，大家在上面买东西，你除了洗衣服洗鞋之外可以卖任何东西，当然可以卖金融，教育等等都可以。所以如何在别人的平台上做自己的平台，是我们要考虑的。不要老好高骛远要建自己的平台，当然能建成未尝不好，能在别人的平台上建自己的平台也很好。最典型的就是微软、IBM 做电脑，它在上面做操作系统，最后成就了微软。

还有一个是颠覆，未来数字化时代的颠覆是无处不在的，刚才讲了滴滴打车这样的技术怎么会影响汽车行业，e 袋洗这样的服务怎么影响洗衣机行业。从莫名其妙的角度来的颠覆。北京的广播被什么颠覆了？被滴滴打车颠覆了，司机都去听滴滴打车了，广播台被颠覆了。

这样的事每天都在发生，各位不要自满，哪怕今天你是一个大平台，没有什么用的，所有的东西都有生命周期，关键是如何持续的创新。

最后一个，也是我们在数字化时代的一个特别关键的趋势，有可能是以前大家不重视的，数字道德。这里面有三个因素，一个是数据安全，我们有这么多的消费者信息，账号、隐私等等，你怎么能保证安全？如果他的东西泄漏了，你的企业还能再做吗？这个是很重要的，尤其是互联网时代，客户忠诚度基本上为零的时代，一下得罪了这个客户，他再也不会回来。

第二是数据道德，我们拥有了这么多用户的信息，我们是不是真的在好好地用而没有侵犯别人？很难保证，你也是不能保证自己，因为国家都没有法律，这个边界在哪里不知道。如果你不小心越了线，可能引起市场的反感和用户的反感，发生法律纠纷，甚至导致企业的崩溃。

第三是企业的道德，未来随着企业的发展，情感、信念，相信我们在这样的技术的发展下会越来越美好，会变得越来越真善美。在网上靠恶劣的手段、丑恶的方式、卖虚假产品、骗人的手段去做，肯定不会长远。所以真正在做有道德的企业，肯定是未来互联网时代特别重要的一个成功的竞争因素。

（来源：自亿邦动力网，2016年4月12日）

# 参 考 文 献

［1］ 是永聪著，李艳，高凯，李彩云译．网络营销．科学出版社．

［2］ e天下网站．http：//www.techvantage.com.tw/content/002/002048.asp．

［3］ Gopro官网．https：//zh.gopro.com/．网站资料取于2017-12-04．

［4］ HP惠普科技股份有限公司网站．http：//h50055.www5.hp.com/tw．

［5］ https：//www.criteo.com/．

［6］ MBA智库百科．社群媒体［EB/OL］．http：//wiki.mbalib.com/wiki/%E7%A4%BE%E7%BE%A4%E5%AA%92E4%BD%93. 2016-03-21．

［7］ Paul May．行动商务大未来，黄逸华译，台北：城邦文化事业有限公司．

［8］ pinterest官网．https：//www.pinterest.com/．网站资料取于2017-12-04．

［9］ WAP手机将带动电子行动商务的兴起．http：//home.kimo.com.tw/q6987/t-wap.htm．

［10］ 杨海娟．电子商务概论．2015．

［11］ 吴应良．电子商务概论．2015．

［12］ 林豪锵．电子商务实务．2004．

［13］ 张月红．计算机科学导论．2011．

［14］ 肖仁锋，尤凤英，刘洪海．计算机网络技术与应用．2016．

［15］ 阿里巴巴商学院网络创业研究中心．大学生网络创业现状与趋势（中国大学生网络创业研究报告）［M］．北京：电子工业出版社，2010：35-48．

［16］ 阿里足迹官网．http：//www.alibabanews.com/．网站资料取于2017-12-04．

［17］ 贝尔宾．管理团队：成败启示录．北京：机械工业出版社，2001．

［18］ 崔建梅，张兴燕．电子商务环境下农产品销售研究——以大学生

创新创业项目"好芒"为例. 云南师范大学文理学院, 2017.

[19] 邓明. 电子商务实用教程 [M]. 北京: 高等教育出版社, 2000: 57 – 60.

[20] 邓顺国主编. 电子商务概论 (第二版). 中国水利水电出版社, 2011.01.

[21] 范国闯, 钟华, 黄涛等. Web 应用服务器研究综述 [J]. 软件学报, 2003.14 (10).

[22] 范玉贞, 卓德保. 我国电子商务对经济增长作用的实证研究 [J]. 工业技术经济, 2010 (8): 23 – 41.

[23] 范铮强, 陈纯德. 电子商务 (第二版).

[24] 葛秀慧, 田浩, 王凌云等. 计算机网络安全管理 [M]. 北京: 清华大学出版社, 2003.

[25] 宫小全. 电子商务系统分析与设计. 清华大学出版社, 2010.05.

[26] 管有庆. 电子商务安全技术 [M]. 北京: 邮电大学出版社, 2010, 45 – 56.

[27] 郭叶飞, 黄玉莉. 浅谈我国电子商务发展现状、问题及对策 [J]. 宁波广播电视大学学报, 2003, 8 (2): 12 – 16.

[28] 郭叶飞, 黄玉莉. 浅谈我国电子商务发展现状、问题及对策 [J]. 宁波广播电视大学学报, 2003, 8 (2): 4 – 7.

[29] 韩耀. 网络商店的开发与经营 [J]. 北京商学院学报, 2000 (06).

[30] 胡国兰. 网络直销模式研究 [J]. 浙江大学学报, 2007 (05): 160 – 161.

[31] 胡玮. 网络经济时代与大学生就业 [J]. 教学研究, 2010 (5): 12 – 18.

[32] 精诚公司. http://www.iwin.com.tw/content/content.php.

[33] 李家和, 电子商务——网上零售电子商店的开发和研究.

[34] 李善友, 产品是入口、社群是商业模式 [J]. 销售与市场: 管理版, 2015 (24): 38 – 41.

[35] 李湘媛, Web 30 时代互联网发展研究 [J]. 中国传媒大学学报: 自然科学版, 2010, 17 (4): 54 – 56.

[36] 梁定澎. 电子商务数位时代商机.

[37] 林小桢. 浅析粉丝经济的发展 [J]. 时代金融, 2015 (03).

［38］刘润．互联网＋战略版 传统行业，互联网在踢门，2015．

［39］卢益清，李忱．O2O 商业模式及发展前景研究［J］．企业经济，2013（11）．

［40］卢智慧．我国网络营销发展策略研究．2011．

［41］陆国红．大学生网络创业赢利模式分析及创业指导［J］．电子商务，2013（8）：18－25．

［42］吕延杰．中国电子商务发展研究报告［M］．北京邮电大学出版社，2003：18．

［43］罗伯特·A. 巴隆，斯科特·A. 谢恩．创业管理——基于过程的观点．北京：机械工业出版社，2005．

［44］罗辑思维栏目节目官网．http：//i.youku.com/luojisw．网站资料取于 2017－12－04．

［45］罗森．基于4P 理论的网络营销策略研究．

［46］马百年．对我国电子商务现状的认识［J］．吉林工业经济学校．2010：6．

［47］马志鹏．大学生网络创业问题分析与对策研究［J］．教育教学论坛，2012（33）：20－26．

［48］穆炯，许丽佳．电子商务概论．清华大学出版社，2011．

［49］乔巍．电子商务视域下的企业精准化互动营销策略［J］．商业经济研究，2015（29）．

［50］三菱总合研究所．行动产业商机最前线．台北：远擎管理顾问有限公司．

［51］邵康．电子商务概论［M］．上海：华东理工大学出版社，2005：102－115．

［52］数位时代．https：//www.bnext.com.tw．

［53］宋文官．电子商务基础［M］．大连：东北财经大学出版社，2004．

［54］宋文官等．电子商务概论［M］．北京：高等教育出版社，2006：73－78．

［55］孙艳霞，电子商务模式研究综述［J］．现代管理科学，2012，5（5）：59－61．

［56］田杰，乔东亮，秦必瑜．电子商务模式系统及其运营．2009．

［57］汪勇．电子商务概论［M］．北京：清华大学出版社，2009，17－18．

[58] 王建英. 大学生网络创业的调查与研究 [J]. 经济论坛, 2013 (5): 19-29.

[59] 王旭川, 社群商业 [M]. 北京: 机械工厂出版社, 2016.22-40.

[60] 魏婷, 杨秋照. 基于粉丝消费行为的企业营销策略研究 [J]. 河北经贸大学学报, 2015 (5).

[61] 江堆金. 无线行动商务-网络应用实例, 台北市: 文魁信息有限公司.

[62] 吴灿铭, 王震环. 电子商务与网络营销, 清华大学出版社.

[63] 吴灿铭, 王震环. 电子商务与网络营销, 清华大学出版社.

[64] 新华社. 互联网支付创新与发展研究. 金融世界, 2014 (10).

[65] 杨峰. 电子商务网站设计、实施与管理. 北京交通大学出版社, 2011.03.

[66] 杨坚争, 周涛, 李庆子. 电子商务对经济增长作用的实证研究 [J]. 世界经济研究, 2011 (10): 12-18.

[67] 杨印. 大舞台影视与传媒——网络广告发展过程中的问题既对策.

[68] 易观. 2017 年第 3 季度中国第三方支付互联网支付市场交易规模达 63815 亿元人民币.

[69] 俞庆霓. 电子支付业务产品和服务创新研究.

[70] 袁琦,《互联网金融发展推动下的支付安全》2014.11.

[71] 原子涵, 蒋再兴. 电子支付的安全问题分析与对策研究. 农村经济与科技, 2017 (28): 6.

[72] 曾鸣, 宋斐. C2B 互联网时代的新商业模式 [J]. 商业评论, 2010 (2).

[73] 张楚.《电子商务法》. 中国人民大学出版社, 2016: 96.

[74] 张敏娜. 电子商务发展的新取向 [M]. 企业管理（北京）, 2008 (05): 101-102.

[75] 中国电子商务协会. 国际电子商务项目管理 [M]. 北京: 人民邮电出版社, 2004: 11-19.

[76] 中国电子商务研究中心. (100EC. CN), 2017.10.

[77] 中国国际电子商务网. (www.ec.com.cn): 中国二维码支付市场将破 9000 亿元.

[78] 中国国际电子商务网（www.ec.com.cn), 刘春泉. 电子支付首先

必须解决的法律问题.

[79] 中国互联网信息中心. 第41次中国互联网发展状况统计报告[DB/OL]. http：//cnnic. cn/gywm/xwzx/rdxw/201801/t20180131_70188. htm.

[80] 中国经济时报. http：//www. chinareform. org. cn/economy/finance/report/201606/t20160614_ 250829. htm.

[81] 中国企业品牌研究中心. 从AIDMA到AISAS的转变——信息高度发达环境下的消费决策模型.

[82] 中华网络商圈. http：//www. cybercity. com. tw/tech_faq/2 - 1. html.

[83] 中原大学资料探勘中心. http：//www. datamining. org. tw/index. asp.

[84] 周象贤, 孙鹏志. 网络广告的心理传播效果及其理论探讨. 2010.

[85] 资策会网站. http：//www. find. org. tw/0105/home_new. asp.

[86] Annanper E, Markkula J. Social media as means for company communication and service design [C]. Networked Digital Technologies. Berlin：Springer Berlin Heidelberg, 2010：410 - 419.

[87] e21times 电子商务信息网. http：//www. e21times. com/ei/fortune. asp? rtid = 3526&sid = 35.

[88] Ellison N B, Steinfield C, Lampe C. Connection strategies social capital implications of facebook-enabled communication practices [J]. New media & society, 2011, 13 (6)：873 - 892.